Walter Benjamin: messianismo e revolução

Maria João Cantinho

REPÚBLICA PORTUGUESA
CULTURA
DIREÇÃO-GERAL DO LIVRO, DOS ARQUIVOS E DAS BIBLIOTECAS

com o apoio da direção-geral do livro, dos arquivos e das bibliotecas – DGLAB / Cultura / Portugal

CIRCUITO

São Paulo – mar. 2022

Dedicado à minha família

Este é o olho do tempo:
olha de través
sob um sobrolho de sete cores.
A sua pálpebra é lavada com fogo,
a sua lágrima é vapor.

A estrela cega voa para ele
e derrete na pestana mais ardente:
o mundo aquece
e os mortos
brotam e florescem.

Celan, "O Olho do Tempo", in *Sete Rosas Mais Tarde*, tradução de João Barrento e Yvette Centeno, Editora Cotovia, Lisboa, 1996, pp. 59/61.

Introdução à edição brasileira

O livro de Maria João Cantinho, "Walter Benjamin, Messianismo e Revolução", carrega no título a sua questão principal, que logo se torna evidente: dar conta de, no pensamento de um filósofo que sempre pensou categorias teológicas e históricas conjuntamente, apresentar de que forma uma estrutura messiânica do pensar poderia conviver com uma orientação prática e política de exigência de transformação da realidade social. No caso de Walter Benjamin, o problema pode se tornar mais complexo por se tratar de um autor que, tendo poucos livros completos publicados aos quais se poderia inferir um conceito de "obra" em moldes clássicos, se aventurou por temas tão variados como foram suas influências, métodos e mudanças de perspectivas ao longo dos anos. É neste sentido que se costuma falar na existência de dois "Walter Benjamins" separados por um corte epistemológico radical: o primeiro, metafísico-teológico, filósofo da linguagem e pensador crítico do destino e do mito, leitor de Goethe e do primeiro romantismo alemão, é profundamente influenciado pelos movimentos estudantis da juventude alemã e pela tradição judaica; o segundo se forma após a recusa de sua tese de habilitação da universidade de Frankfurt, o agravamento de sua situação financeira, o encontro com a comunista letã Asja Lacis, a leitura de "História e consciência de classe" de Lukács, etc. Os seus estudos se voltam agora principalmente à produção cultural contemporânea e os seus desdobramentos técnicos, se tornou um materialista no qual nem amigos próximos reconhecem mais a disposição antiga.

Os termos "Messianismo" e "Revolução" poderiam se referir a estes dois "Benjamins", respectivamente, caso tomássemos tal transformação em sua vida e em seus textos como o resultado do amadurecimento de um pensamento já presente numa mente jovem, como defendem alguns de seus leitores marxistas, ou como um desvio materialista de uma disposição essencialmente metafísica, como o pensava Scholem. Ambas as hipóteses são rejeitadas por Cantinho, que nos apresenta um Benjamin para quem o pensamento é "uma arte do excesso, que extravasa os limites e as margens que queiramos impôr-lhe. Ele corre como um rio, cujas correntes se renovam a todo o instante e se cruzam, fluidamente".[1] De que outro modo se explicariam as várias recorrências de temas e influências de sua juventude em ensaios tardios, como Rosenzweig e o *Trauerspiel* no ensaio sobre Brecht, a alegoria em Baudelaire e Kafka, o conceito de experiência em "O Narrador" (e também em Baudelaire), o mito e o destino no livro das Passagens, etc.? Os exemplos são muitos, revelando que Benjamin nunca foi um pensador para quem uma questão anterior qualquer poderia algum dia ser considerada concluída, acabada, esgotada, e nem mesmo como tendo perdido alguma relevância para o autor que nela se formou.

O maior desafio do livro de Cantinho, no entanto, concerne à possibilidade de que a obra benjaminiana apresente uma certa estrutura de pensamento, uma orientação ao mesmo tempo messiânica e revolucionária que atravessa a múltipla e variada produção intelectual do autor. Em outras palavras, deve ser colocada à prova a validade de se supor uma continuidade inerente à produção benjaminiana em relação às suas considerações sobre o advento do Messias enquanto momento de instauração de um novo mundo histórico. Esta continuidade não seria apenas temática, já que, mais do que um tema para Benjamin, a ruptura messiânica se configura como o único acontecimento capaz de interromper o *continuum* da história como catástrofe.

Respaldada pelos textos de juventude, Cantinho vai defender que, se esta coerência interna à sua obra motiva o tratamento dos conceitos mais caros a Benjamin – como os de crítica, experiência, história, etc. –, é porque ela está calcada numa concepção específica de linguagem que se mantém atuante ao longo dos anos. Cantinho afirma que para além de todos os desvios e contradições mais evidentes que marcam a trajetória do autor, é em sua escrita que se pode descobrir os rastros e vestígios de um trato com a linguagem que visa uma ruptura radical com o tempo histórico "homogêneo e vazio", o tempo "infinitamente vazio [*leere Unendlichkeit der Zeit*]" ao qual se opõe a "dimensão qualitativa do tempo infinito [*qualitative zeitliche Unendlichkeit*]" messiânico.[2]

1 p. 162.
2 p. 23.

Desde a crítica à "concepção burguesa de linguagem" até a crítica sobre o tratamento dado ao passado pelo historicismo, podemos notar a orientação de se colocar contra a visão e a prática de mundo de uma determinada classe social: seja por meio do uso instrumental da linguagem como programa de emancipação da burguesia que dominou o século XIX, guiado pelas promessas de liberdade e igualdade da *Aufklärung*, seja como a celebração de uma tradição enquanto patrimônio, no qual os oprimidos e os seus antepassados se convertem em instrumentos de um processo de naturalização do passado e do atual estado de coisas no capitalismo. Não há, no entanto, um lamento pela perda de valores pré-burgueses, fruto do processo de desencantamento do mundo, mas uma crítica ao fato de que a burguesia, enquanto classe dominante, põe em funcionamento uma instrumentalização da vida que acaba tornando-se incontrolável, desencadeando, contra os próprios desejos de libertação que a motivam, uma racionalidade na qual a humanidade é mero meio para um fim que, paradoxalmente, se ausenta.

A crítica ao uso instrumental da linguagem e da história é constante neste livro, pois aponta para o apagamento de uma potência de pensamento altamente valorizada por Benjamin, que é o fato de que a filosofia não leva apenas a conhecimentos sobre o passado, como uma forma de organizá-lo e torná-lo compreensível, mas que pode levar à sua intensificação qualitativa que dissipa as aparências de continuidade e homogeneidade conferidas pelas teorias tradicionais da história. O passado não é um dado, mas deve ser redescoberto e, neste processo, redimido:

> podemos então afirmar que o marxismo dialético e o messianismo constituem, assim, as duas faces ou vias que se conjugam num mesmo modo de entender a história, faces que, de forma alguma, encontram em si contradição. Se considerarmos o facto de Benjamin encontrar na historiografia materialista o seu ponto decisivo como o próprio momento de desintegração da continuidade histórica, esse ponto de vista desembocará na ideia benjaminiana da redenção.[3]

O que Cantinho salienta em Benjamin é o esforço em "redescobrir os momentos/imagens de redenção que se escondem no próprio cerne

3 p. 150.

da cultura tradicional", salientando que esta relação entre "o Agora e o Outrora" não seria de natureza temporal (no sentido progressista da concepção temporal), mas "figurativa (Bildlich)", mostrando-se como um "clarão, como imagem que é lida pelo historiador e carrega consigo o perigo (o de o historiador não ser capaz de a ler e de a compreender".[4] Esta relação poderia caracterizar também o próprio movimento do livro de Cantinho, que se prende muito mais às imagens evocadas pelos textos benjaminianos do que às cronologias e aspectos factuais de sua trajetória. Neste sentido, a tensão latente entre os conceitos de Messianismo e Revolução não se resolve por meio da demarcação temporal das fases distintas de um pensamento, mas por meio de seu entrelaçamento que percorre diversos aspectos dos textos benjaminianos para fornecer uma imagem saturada de tensões: a da intensificação qualitativa do tempo disruptivo. Isto porque, e a autora o enfatiza constantemente, a teologia benjaminiana não pode ser pensada enquanto uma teologia tradicional, "não se constitui como um fim em si tendo em vista a contemplação teórica das verdades eternas" e nem "significa a reflexão sobre a natureza do ser divino", mas "possui uma função precisa e fundamentalmente activa", profundamente ligada, pela linguagem, à tarefa revolucionária: "Princípio de intensificação, a teologia deve servir a luta explosiva, messiânica e revolucionária do materialismo histórico. Ela reintroduz, precisamente, as imagens messiânicas que 'faltam ao materialismo histórico'."[5]

O maior problema colocado pela tarefa proposta, portanto, o de fazer com que a conciliação entre o jovem e o tardio Benjamin soasse convincente – devido às transformações radicais que ocorreram nos referenciais teóricos, nos métodos e nos temas trabalhados pelo autor, assim como as posições estratégicas bastante distintas que o conceito de messianismo ocupa nos dois momentos em que é evocado por Benjamin –, é alcançado na medida em que é justamente tal concepção do tempo enquanto continuidade que é problematizada aqui, a continuidade de um tempo homogêneo e vazio em que se entendem as transformações de uma escrita e de uma filosofia como um progredir teleológico.

Neste sentido, não são dois autores distintos, o Benjamin metafísico de juventude e o Benjamin materialista tardio, que se apresentam aqui,

4 Idem.

5 p. 139.

mas uma filosofia que soube se colocar em várias frentes e frestas de pensamento para apresentar as contradições que se estabelecem neste confronto incessante entre modernidade e tradição. O fato de que os últimos textos de Benjamin retomem as suas considerações messiânicas não é uma simples contradição, como podem desconfiar aqueles que consideram a passagem ao materialismo como um progresso linear, mas uma posição estratégica.

O argumento se torna convincente por meio do recurso exaustivo não só aos textos publicados por Benjamin, mas também, o que é igualmente importante, pela tentativa de mapear um variado cenário cultural e intelectual no qual as suas considerações sobre história, linguagem e religião vieram a se formar. Cantinho tem o cuidado de não tratar a obra do autor berlinense como uma ilha de novidade e invenção que trouxe reflexões nunca antes pensadas, mas como um método (desviante) de montagem e crítica de uma tradição que torna a sua obra não menos impactante ou original, mas mais. Ao entrelaçar conceitos oriundos de textos distintos, como crítica, alegoria, tradução, etc., conceitos que o próprio Benjamin por vezes tratava de separar e distinguir, mostra-se uma certa coesão que, mesmo que não fosse temática, se revela temporal, isto é, pertencente a uma tradição heterogênea e paradoxal que impregna os seus textos.

Este livro não é simplesmente uma apresentação das ideias e hipóteses apresentadas por Walter Benjamin, mas a sugestão de um modo de ler a sua filosofia como ele próprio sempre a entendeu: uma linguagem que, em sua materialidade literária, pede para ser decifrada não enquanto um mero meio de veiculação de pensamentos a ela alheios, mas em seus detalhes e variadas intensidades que revelam uma força de questionamento profundo de todas as tradições.

DANIEL GILLY

Nota prévia

G.S. – *Gesammelte Schriften*
Sobre a Linguagem – *Sobre a Linguagem em Geral em Geral e sobre a Linguagem Humana*
Sobre o Programa – *Sobre o Programa da Filosofia Vindoura*
Origem – *A Origem do Drama Barroco Alemão*

I
Introdução

Foi-lhe dada a ilusão que é a linguagem.
Jorge Luís Borges, *Obras Completas, Atlas,* "Os dons".

Numa Europa ameaçada pelo terror da Guerra e pela instabilidade das forças políticas e sociais desponta uma geração de jovens intelectuais que é mobilizada pelos pedagogos da época, com especial destaque para Wynecken (hoje uma figura obscura), para operar uma verdadeira transformação nas estruturas e modelos pedagógicos das escolas e universidades.

Na verdade, nestes novos modelos educativos ressalta a necessidade de renovar a pedagogia, face à decadência do ensino e da cultura burgueses, e pretende vincar um ideal de educação mais próxima dos modelos clássicos e de uma visão mais humanista. Enquanto o século XIX procurara o aprofundamento da educação na especialização científica, fruto das teorias positivistas e dos grandes avanços da ciência, o século XX configura um movimento de ruptura perante a ideia da especialização. A presença de modelos clássicos e da Antiguidade grega, a herança extraordinária do pensamento morfológico de Goethe, a importância dos modelos do Primeiro Romantismo insinuaram-se em conjunto nos novos modelos educativos, obrigando a uma inflexão na direcção e na orientação pedagógicas.

As questões relativas ao conhecimento histórico e filosóficos, a compreensão da necessidade de (re)fundamentação da metafísica, perante um mundo em que o sagrado perde cada vez mais a sua importância e é substituído por uma visão desencantada, tal como Weber diagnosticou na sua obra *A Ética Protestante e o Espírito do Capitalismo* (1904), faz nascer uma geração que pretende reinventar o sentido da existência dos laços sociais da comunidade.

Porém, a necessidade do que designo por «refundamentação» da metafísica percorre os campos da linguagem, da história, da tradução, para além de uma alteração da visão da ciência e do pensamento filosóficos. Se a mecânica newtoniana determinava um pensamento essencialmente dirigido para uma visão racionalista e científica, economicista e dominada pelo capitalismo, então ela vai cedendo a determinadas perspectivas que passam a valorizar uma orientação mais humanista, englobando novos paradigmas e novos conceitos operatórios, que alimentam aqueles. Em rigor, para a geração de Benjamin, o principal responsável pelo colapso da *experiência* [*Erfahrung*], com todos os problemas que daí decorriam, residia na pobreza da experiência metafísica, que resultou da *Aufklärung* . Mais tarde, esta perda correspondeu à emergência da modernidade e, em particular, da Primeira Guerra Mundial, da qual nos fala o autor em *O Narrador,* aludindo aos soldados que regressavam mudos e incapazes de comunicar.

Nas inquietações de Scholem, de Benjamin, de Kafka, encontra-se bem presente a consciência da perda da tradição e também do afastamento do conhecimento, na sua dimensão mais profunda e espiritual. Num mundo em que a linguagem e o conhecimento, a experiência, são destituídos da sua dimensão mais profunda e essencial, é a alienação do homem que cresce, o vazio da experiência, de que deram conta o pensamento e a escrita de tantos autores no século XIX e na viragem do século, como Baudelaire, Joyce, Eliot, Broch, Pessoa, Strindberg e muitos outros.

No primeiro capítulo, dedicado aos anos de formação de Benjamin, vemos como começa a definir-se o seu projecto messiânico. É sobretudo a partir desse documento fundamental que é *A Vida dos Estudantes* (1914-1915) que se opera a libertação intelectual de Benjamin, rompendo este com o Movimento da Juventude e procurando desenvolver o «projecto de fundar uma nova perspectiva da história» e do conhecimento filosófico. Podemos reconhecer neste período a intensa familiaridade do seu pensamento com o do Primeiro Romantismo – especialmente com Friedrich Schlegel e Novalis, que estudou com paixão – e dando-se conta das razões do seu afastamento irreversível de Kant, no que respeita às questões da experiência e da história. Portanto, a primeira questão que verdadeiramente se deve aqui colocar é se existe (ou não) um projecto messiânico em Walter Benjamin. E como se arquitecta este, caso exista.

É sobretudo no Primeiro Romantismo que ele encontra as ideias fundamentais que lhe permitem combater o que considera ser a "informe tendência progressista", um movimento que ele considera ser nefasto na compreensão da história humana. Essa é a dimensão verdadeiramente catastrófica da história, como o dirá mais tarde, no *Livro das Passagens* (obra póstuma) e na sua obra *Sobre o Conceito de História* (a sua última obra, redigida no ano de 1940, antes de sair de Paris). Benjamin descobre, em Schlegel e Novalis, uma dimensão utópica e inspiradora do pensamento, messiânica e revolucionária, e insiste na ideia de que a essência histórica do romantismo deve ser procurada no "messianismo romântico". É também no Primeiro Romantismo que o autor vê a possibilidade de "encontrar" a derradeira possibilidade de salvar a tradição da *noite do esquecimento*.

Salvar a tradição é, assim e antes de mais, combater a própria concepção da história progressista e rever a história sob outras perspectivas, que valorizem, não o quantitativo, os factos históricos vistos como uma acumulação sucessiva e contínua, e que ele considera ser a *catástrofe*, mas sim o *ritmo* da história, o que é totalmente diferente, implicando uma visão figurativa da história, assente na imagem dialéctica. E trata-se de compreender que a vida da humanidade é um processo de realização e de acabamento e não simplesmente devir mecânico, num tempo vazio e homogéneo, que é característico da visão moderna do progresso. O que Benjamin quer é valorizar essencialmente a dimensão qualitativa do tempo infinito [*qualitative zeitliche Unendlichkeit*], face ao tempo infinitamente vazio [*leere Unendlichkeit der Zeit*] da perspectiva progressista. Se os textos *A Crítica da Violência* e *O Fragmento Teológico-político* contêm algum ensinamento, é precisamente o de deixar à vista a iminência da descontinuidade que se encontra no coração do gesto revolucionário. Este gesto é o único, na sua óptica, que é capaz de fissurar a continuidade da história, revelando o quão falsa é a ideia da continuidade e falseadora a ideia da história progressista, justamente por assentar nessa suposta continuidade.

Este livro tem um lado bastante polémico ou, se quisermos ser mais justos, vários nós polémicos, que decorrem dessas rupturas decisivas que o pensamento destes jovens pretende relativamente ao século XIX. Não falo apenas de Benjamin, mas de outros autores como Bloch, Rosenzweig, Scholem, ainda que este estudo incida particularmente sobre Benjamin.

Num tempo em que a psicanálise anda de mãos dadas com o dadaísmo e pouco mais tarde com o surrealismo, é de esperar o extraordinário potencial inédito destes textos de Benjamin, que procura justamente compreender a sua época, diagnosticando-a. Há aqui uma tradição que se patenteia, uma herança que se quer preservada, mas, por outro lado, um cântico ou celebração do novo, que fascina os jovens nascidos no final do século XIX e que assistem ao dealbar do século XX, com as suas incomensuráveis convulsões sociais, políticas e artísticas, incluindo a força do marxismo e as grandes alterações provocadas pela revolução de 1910 na Rússia. Não pode dizer-se que Benjamin tenha sido exclusivamente um materialista dialéctico, pois a sua descoberta do materialismo dá-se a partir de 1924 com Asja Lascis, uma mulher que conheceu em Capri e com quem manteve uma turbulenta história amorosa. No entanto, as suas obras do último período, nomeadamente a sua obra *Sobre o Conceito de História* assume o seu materialismo de forma plena.

Michael Löwy, um dos mais argutos intérpretes de Benjamin, percebeu claramente os territórios, para sermos mais precisos os dois territórios pisados por Benjamin, o materialismo dialéctico e o messianismo. Löwy situa-o mais perto, no seu início, do Pré-Romantismo e de um messianismo nele contido, bem como das forças revolucionárias que o surrealismo lhe trouxe, a par das leituras de Freud e de Jung. E se encontramos no *Livro das Passagens* a sua teoria mais acabada, é, no entanto, necessário passar por todas as fases do seu pensamento para percebermos como ele foi do Pré-Romantismo ao materialismo dialéctico, como tomou por objecto fundamental questões como a Linguagem e a História, e como compreendeu de forma inédita os nós que interseccionavam as duas áreas de saber, levando-nos à compreensão de que não é possível olhar para a história sem a vermos como *escrita* e o historiador como aquele que é capaz de ler essa escrita cifrada e alegórica. Assim, se quisermos destacar os principais objectos da análise benjaminiana, podemos citar estes domínios já antes referidos, mas também as questões do género estético – em particular na obra sobre o *Traueurspiel* barroco e, mais tardiamente, nas obras sobre Baudelaire e sobre Proust, enquanto exemplo do que estes autores representavam na proto-história da modernidade. Também o surrealismo foi um dos temas privilegiados de Benjamin, sobretudo no conceito que ele designava por «iluminação profana» e que se apresenta, segundo o autor, na arte surrealista. Esta serviu-lhe de inspiração num dos capítulos do *Livro das Passagens*, onde faz uma travessia entre o surrealismo e a psicanálise jungiana.

Situemos então a posição de Walter Benjamin como a de um pensador que nasceu no final do século XIX e assistiu sobretudo aos grandes desenvolvimentos científicos da ciência e da história (em particular no período entre as duas guerras[1], em que se desenvolveu extraordinariamente a tecnologia e permitiu toda a maquinaria mortífera da guerra). Indo mais longe, devemos situá-lo entre aquilo que ele procurou desde a sua juventude desenvolver: um «projecto messiânico» para a história, assente numa teoria messiânica da linguagem, a qual, por sua vez, decorre da substituição de uma ideia da temporalidade mecânica e vazia por uma outra concepção de temporalidade qualitativa e messiânica.

Porém, para explicitar os vários pontos arquimedianos em que assenta o pensamento benjaminiano, achei necessário introduzir um capítulo prévio sobre o messianismo de que falamos aqui – existem várias vertentes deste – o de uma utopia presente no coração da história e que procura constantemente reactualizá-la. Só deste modo pode o leitor munir-se de conceitos que possam ajudá-lo a compreender os objectivos de Walter Benjamin. Advirto aqui o leitor, também, para o facto deste messianismo de que ele nos fala não ser teológico, mas sim uma força ou potência secularizada que confere espiritualidade a toda a sociedade. Uma secularização necessária que permite a laicização do poder político, mas que, por outro lado, contribui para insuflar as velas de um materialismo dialético que dela precisa, como o afirma na sua primeira tese de *Sobre o Conceito de História*. Ora, é isto que interessa precisamente. Compreender os nós internos do seu pensamento, as intuições e até o visionarismo de um pensador que influenciou tantas gerações. Se em Portugal, o âmbito do seu pensamento é ainda muito restrito, com excepção para os textos de Helder Macedo, na década de 70[2], Maria Filomena Molder, Bragança de Miranda, Teresa Cadete e, mais recentemente, Nélio Conceição, no Brasil a sua divulgação e penetração no meio académico, desde a década de 70, é verdadeiramente impressionante. Pensadores que acompanharam a escola de Frankfurt e que estudaram na Europa na década de 70, descobriram em Walter Benjamin a inspiração para os seus movimentos políticos e de libertação, nomeadamente a Teologia de Libertação. No entanto, a filosofia de Benjamin é hoje um quadro teórico incontornável, não só nas áreas aqui referidas, mas também nas artes, como a fotografia e o cinema. E é precisamente neste âmbito que ela é mais abordada nas faculdades portuguesas. Nunca será demais, então, uma obra de fôlego sobre Benjamin, para introduzir os seus leitores ou os interessados na sua obra, convidando-os a demorarem-se sobre textos que nem sempre são fáceis, mas que justificam inteiramente a sua reflexão.

II
Em torno do conceito de messianismo: origens do conceito e fontes diversas

1. A questão do messianismo

Abordar a questão do messianismo constitui-se como uma tarefa assaz complexa, senão labiríntica. A origem da palavra perde-se na noite do tempo, tendo sofrido uma evolução complexa e orientada de forma múltipla, confundindo-se frequentemente com o misticismo judaico e com a cabala. Um dos mais interessantes autores, que se consagra ao estudo do misticismo messiânico, Moshé Idel, condiscípulo de Gershom Scholem (este nasceu em 1897, aquele em 1947), estabelece um conjunto de articulações que caracterizam as variações deste tema[3].

A consciência messiânica emerge, por razões históricas, políticas e religiosas que se articulam entre si, muito antes da cabala, mas é sobretudo esta que irá contribuir para uma vertente mística do messianismo, que perdurará na história do judaísmo. Todavia, é redutor ver o messianismo à luz do misticismo, como foi excessivamente conotado ao longo da história. Mesmo a investigação bibliográfica em torno deste tema deve ser cuidadosamente analisada. Muitas vezes, os acontecimentos extraordinários que se associam geralmente ao nascimento e aos episódios da vinda do Messias não são senão motivos folclóricos que dizem respeito ao aparecimento de outras figuras. *Cliché* ou fenómeno teológico? Utopia ou facto histórico concreto? O próprio sistema de valores e de crenças, a ideologia do investigador podem contribuir para distorcer o que se pretende como uma análise rigorosa e objectiva, não contaminada pelo olhar daquele que olha.

Na Bíblia hebraica, a palavra de Messias, *machiah*, é pouco frequente: apenas 38 ocorrências no total, sendo 18 no livro de Samuel e 10 nos Salmos. A figura do Messias é muito indeterminada. A palavra pode designar um título cerimonial e as tradições aramaicas tratam-no por "rei". Mas a qualificação também se aplica ao profeta Elias, como em

Malaquias. Na sua origem, o termo *mashiah* implica apenas a unção recebida por um rei ou um padre. Esta unção nunca estaria reservada para um indivíduo particular. Por isso, como o afirma Idel[4], "em todas as formas do judaísmo ortodoxo, a função messiânica manteve-se sempre impessoal". Não havia uma identidade precisa. "O judaísmo (à excepção do sabatianismo) concebe a função messiânica como infinitamente mais importante que a pessoa"[5]. Esta impessoalidade, contrariamente, já não ocorre no cristianismo, que tem o seu início gravitando em torno de uma figura de um Messias específico, com tendência a subordinar a sua função à pessoa em questão.

Talvez a primeira distinção a levar a cabo seja a que naturalmente se faz entre o messianismo judaico e o cristão, antes, ainda, de nos debruçarmos sobre o seu desenvolvimento histórico e as distinções (genéricas) entre o messianismo cabalístico e o hassídico. Por essa mesma razão, Scholem abre o seu ensaio sobre o messianismo estabelecendo essa distinção. "Qualquer discussão sobre os problemas relacionados com o Messianismo constitui um problema delicado, por ter sido aqui que o essencial conflito entre o judaísmo e o cristianismo se desenvolveu e ainda continua a existir"[6].

Por onde começa a divergência entre ambos? Justamente pela questão da redenção. Enquanto o conceito de redenção no judaísmo apenas ganha o seu sentido à luz da comunidade e da sua história, a redenção cristã é um acontecimento individual e que ocorre na alma humana. Logo, o conceito de messianismo, sob o ponto de vista da tradição, implica uma relação estreita com a história de um povo, pontua a sua relação com a religião, mas também com a própria temporalidade e decurso da história. Daí derivarem tantas e tão complexas questões relativas à história, à política e à teologia, quando se aborda o messianismo judaico.

Dois factores cruciais e que nem sempre se harmonizam são o restaurador e o utópico. Por vezes, em determinados momentos históricos, um aparece de forma mais visível e o inverso também pode acontecer. Tal significa que um factor (restaurador) se encontra mais voltado para o retorno à origem, enquanto o utópico, justamente, se orienta para o futuro, projectando-se nele. Porém, ambos constituem o solo comum da esperança messiânica, de uma forma ou de outra. Cumprindo-se numa tensão dialética, o messianismo percorre a história do judaísmo como uma chama que se mantém sempre viva.

A aplicação de Messias (*mashiah*) que designava, então, esse rei ungido, não se aplicava tanto ao rei responsável pela ordem política e natural, "mas ao rei que há-de vir, destinado a restaurar o esplendor antigo ou a instaurar um estado de coisas ideal, utópico"[7]. Um movimento restaurador ou inaugural que brota da própria história, como se pode compreender, o que faz subentender, desde logo, uma dimensão interruptora da temporalidade. Mesmo que esse Messias intervenha no coração da história, não se trata de destruí-la, mas sim de restaurá-la.

De acordo com os vários autores sobre o tema, as fontes judaicas da antiguidade apresentam frequentemente o *mashiah* como um redentor apocalíptico. Assim, aparece um terceiro sentido, ou melhor, um terceiro modelo – já não restaurador nem instaurador de uma utopia – que é o apocalíptico. Este terceiro modelo supõe o acontecimento de uma figura que transcende a história, destruindo-a, porém, ele não se encontra directamente aplicado aos empregos bíblicos da palavra Messias. "Isso significa que o papel mais importante do Messias apocalíptico foi concebido como um instrumento visando transcender o marasmo da história presente, obliterando-a"[8]. É a ordem decaída, correspondente ao curso dessa época histórica, que deve ser destruída pelo surgimento dessa figura. Deste modo, o Messias não aspira à continuação da ordem mítica, mas sim a uma ruptura, uma inovação radical. A actividade principal desta figura não é o mito, mas a *acção política*. Trata-se, deste modo, de um apocalipse que é, ao mesmo tempo, uma escatologia, mas bem mais utópica que qualquer outro tipo de escatologia.

Como o afirmava Scholem[9], o messianismo, tomado enquanto potência viva do judaísmo, encontra-se impregnado do elemento apocalíptico, o qual aparece como uma forma necessária criada pelo messianismo. Donde provém este elemento? Sem dúvida das predições e mensagens proféticas, sobretudo, nos livros bíblicos escritos por autores anónimos, como o "Livro de Daniel", os dois "livros de Enoch", os "Testamentos dos Doze Patriarcas", etc.. Scholem refere, ainda, como elemento fundamental para compreender o messianismo, o carácter catastrófico da redenção, tal como ele se apresenta de forma tão pertinente no capítulo N de *O Livro das Passagens*, de Benjamin. Daí a necessidade da emergência, quer da restauração, quer da utopia. Esta dimensão mais utópica e menos restauradora pode ser encontrada na tradição mística, nos cabalistas e no hassidismo.

A concepção do Messias, de acordo com o Talmud, posterior à Mishnah, caracteriza-se por acentuar o apocalipse. Aí, as evocações do Messias, bem como em alguns apocalipses populares, apresentam pontos comuns e essenciais: figura nacional, não lhe é imposto nem salvar outras nações nem conduzir o mundo ao seu estado de harmonia original ou ajudar a *Shekinah* a retornar ao seu estatuto anterior. É a redenção dos judeus que constitui o principal objectivo. Na maior parte das fontes rabínicas, ele é descrito como possuindo um papel activo na vida pública, numa intervenção política que lhe cabe.

Historicamente, o messianismo judaico é anterior ao aparecimento da Cabala. Porém, com o aparecimento da Cabala, houve uma integração do messianismo, sobretudo da sua vertente utópica. Esse facto fez com que houvesse uma apropriação múltipla daquela força viva do judaísmo, promovendo-se, mesmo, nessa tradição, a fusão. É mais ou menos unânime, nos vários teóricos e estudiosos do messianismo, a presença de três etapas distintas nas relações entre messianismo e mística judaica. Durante a primeira fase, que se estende aproximativamente de 1180 a 1492, a cabala era indiferente ao messianismo.

Todavia, após a expulsão dos judeus de Espanha e de Portugal, perseguidos pela Inquisição, o messianismo torna-se progressivamente o nó central do pensamento cabalístico[10]. Arrisco aqui a minha interpretação: a vertente utópica era a mais viva no pensamento cabalístico e, por isso, a utopia da redenção passou a integrar a tradição judaica, precisamente como um antídoto face ao pessimismo judaico, marcado pela mais trágica adversidade e condenado ao exílio.

Foi possível manter a esperança graças a esse vertente utópica, que varria o pessimismo e a catástrofe e profetizava uma nova era para o povo judaico. Era preciso, também, aglutinar a esperança de um povo em torno de uma utopia suficientemente forte. Nessa época nasce o messianismo místico, que conhece três fases essenciais. A primeira faz a sua aparição entre a expulsão em 1492 até ao aparecimento da cabala luriânica, por volta de 1570. A segunda etapa dá-se entre 1570 e 1660, época em que nasce o sabatianismo (cujo mentor foi Sabatai Zevi). Curiosamente, nesta época, o messianismo judeu, após a expulsão, sofre a influência das tensões messiânicas cristãs, o que o torna mais complexo, no que se trata de circunscrever o fenómeno.

Após o grande desenvolvimento da cabala luriânica, impregnada de intenso fervor messiânico, exercendo a sua grande influência a partir de 1665-1666, através da misteriosa figura de Sabatai Zevi, no século XVIII, o hassidismo regressa, insuflando o conceito de redenção e reforçando o aspecto individual desta. Os textos hassídicos estão mais próximos – como os escritos de Aboulafia – das fontes aristotélicas do que do neo-platonismo. Dá-se no hassidismo uma metamorfose espiritualista, que não se limita à questão da passagem da redenção nacional à redenção individual.

Os textos das duas primeiras gerações do hassidismo punham a tónica sobre uma concepção espiritualista do hassidismo. Mas, no decurso da terceira e da quarta gerações, as ideias do hassidismo tornaram-se mais radicais, apresentando-se então uma grande afinidade com o messianismo de tipo apocalíptico. Este passou a estar muito presente nos textos hassídicos. Durante o século XIX assiste-se ao ressurgimento de um messianismo muito acentuado, fazendo-se acompanhar de experiências místicas muito intensas. Para Jacob Taubes, a interiorização da experiência messiânica, levada a cabo pelo hassidismo deve-se, em grande parte à crise do messianismo externo ou da escatologia exterior. Este desacordo, que surge em Scholem e Taubes, deve-se ao facto de Taubes aspirar a legitimar o conceito hassídico de messianismo, contrariamente a Scholem, que recusa reconhecer a existência do messianismo no pensamento hassídico[11]. Porque destaco estas questões aqui? Porque tanto o messianismo cabalístico, como o hassídico foram importantes no pensamento benjaminiano e importa, precisamente, compreender como. Não se trata de, pacifica e acriticamente, integrar o pensamento de Benjamin neste quadro ou galeria de autores definidos, mas o que se procurou fazer foi, antes de tudo, dar a conhecer algumas orientações e uma matriz importante do pensamento e da tradição judaica, como um solo em que pode enraizar, não só Benjamin, como igualmente a maior parte dos seus contemporâneos, pertencentes ao pensamento judaico.

2. A questão da temporalidade messiânica: tempo vivido e tempo histórico – duas realidades que se cruzam?

Como pensar a questão do messianismo na sua estreita relação com a noção de história e, no que particularmente nos interessa, na concepção especificamente benjaminiana? Embora se tenha definido e circunscrito a questão do messianismo numa abordagem sucinta, o que se torna verdadeiramente central é compreender como ele nos permite o acesso à concepção da história benjaminiana. A intenção deste trabalho não é a integração do pensamento de Benjamin num quadro pré-estabelecido (a que, por exemplo, chamaríamos de messiânico), rotulando um autor definitivamente. Não me parece nada crítico e, ainda menos filosófico, na sua essência. Uma perspectiva crítica permanece aqui, tentando determinar as contradições e as oscilações em que incorre tal pensamento, sempre situado num quadro que percorre vários registos, na sua evolução interna.

O Messias não é um homem[12], *mas um tempo.* Dizer, como se diz naturalmente, que o Messias *não está lá* ou que *ainda não está lá* é necessariamente deduzir dele que visa necessariamente o seu "para lá". E este "para lá" não pode significar senão a morte, para as existências naturais e imediatas. O "para lá" do mundo-que-vem está neste mundo, atravessa-o de forma imanente, como se pudesse romper a epiderme do real, a qualquer instante. Como o diz Bensussan, citando o Talmude, "o Messias chega sem que nos consigamos defender"[13]. Esta asserção pode tangenciar muitas das observações de Benjamin. Mais do que a revelação do Messias, o que está aqui em causa é a surpresa, o choque, capaz de despertar o homem. A problemática do choque, a meu ver, não pode ser desligada desta manifestação hierofântica, que rasga o real para fazer aparecer a fissura, o limite, obrigando o homem a reconhecer a falsa continuidade do tempo e da História.

Procurando esclarecer o messianismo, Daniel Bensaïd adverte-nos[14] para a constante confusão que se instalou obstinadamente, identificando profecia, utopia e messianismo. Por isso, parece-nos uma exigência de rigor esclarecer devidamente a que aludimos quando falamos de messianismo, em geral. Enquanto a utopia nos remete sempre para um "além" extraterreno, a profecia "elabora uma imagem crítica e polémica da tradição". E é precisamente ao lado desta crítica à tradição que se coloca o messianismo, em Walter Benjamin. Enquanto profecia, "ela diz somente a probabilidade da catástrofe"[15]. O seu tempo é descontínuo, fragmentado pelo exílio e constantes restaurações (apresentando-se, assim, a história na sua perspectiva descontinuista), reversível e estranho ao determinismo histórico. Para ele, tal como para Martin Buber, é nas mãos do homem que se encontra a possibilidade da redenção messiânica, pois o homem toma um papel activo.

Há uma racionalidade intrínseca à história que não é a da lógica daquela vista sob o olhar do positivismo. Trata-se de uma racionalidade que descobre a pertença do fragmento e que devolve o sentido ao vencido, ao ínfimo facto. A inteligência do advir depende da do presente. Estamos longe de uma perspectiva mítica da história, como poderíamos ser levados a pensar, próximos de uma compreensão do fenómeno e do pormenor que a fissura, no seu percurso. Mas, por instantes, debatemo-nos com essa contradição, no seio da perspectiva benjaminiana. Ainda que recuse veementemente a via mítica, ao lançar mão do messianismo, Benjamin incorre ele próprio nesse risco, numa espécie de limbo, contaminado pela esfera mítica. Onde podemos detectar a sua recusa do misticismo? O messianismo a que Benjamin alude é precisamente o da profecia intramundana, condição *sine qua non* de restauração da tradição.

Afastamo-nos, como o compreendeu igualmente Stéphane Mosès, da utopia prometaica[16], que se realiza extra-mundo. Como a própria etimologia nos indica, estamos fora de uma possível espacialização da experiência ou, ainda, fora de uma possível temporalidade humana. O messianismo convém ao vivo, àquele que habita a terra, ao que é e foi *esperado sobre a terra*[17], para parafrasear a inesgotável expressão de Benjamin, cabe a cada geração seguir-lhe o rasto. Esta tese é, de facto, uma das mais enigmáticas, onde Benjamin claramente enuncia a relação entre felicidade, salvação e messianismo.

Dedicarmo-nos ao tempo messiânico é uma tarefa exigente e requer uma análise das raízes onde se funda essa tradição. Como articular o tempo, enquanto conceito abstracto e tradicional com o conceito de tempo messiânico? Onde ancorar essa abordagem? Há uma heterogeneidade que lhe é intrínseca, nessa abordagem de cada um dos planos. Se por um lado falamos de um tempo histórico, em que as filosofias tradicionais da história encontram a sua base, por outro, existe uma *temporalidade vivida,* cuja experiência íntima e subjectiva lhe é peculiar. Inúmeros autores (tomemos como exemplos mais conhecidos Arno Münster, Gérard Raulet, Gérard Bensussan, Stéphane Mosès, Giorgio Agamben, entre muitos outros) tomam-na como conceito fundamental da visão histórica de Benjamin, sobretudo se aludirmos aos últimos textos em que o autor se refere à interrupção do curso da história. Tentemos compreender de que modo.

Essa intersecção entre tempo profano (homogéneo e sucessivo) e tempo messiânico (descontínuo, fragmentário) está encoberta pela sombra da problematicidade, como veremos. Nada é transparente, mas a transparência e a continuidade aparente do tempo histórico também é demonstrada como artificial pela outra modalidade. É justamente a interrupção e a fissura da continuidade do tempo que permite dar a ver uma equívoca linearidade, sobre a qual insistiram a maior parte dos filósofos da história e, sobretudo, os filósofos positivistas, orientados pela ideia do progresso. Como Bensussan o afirma[18], quando falamos do tempo messiânico falamos da "temporalidade do fim" e não do fim dos tempos. Da mesma forma que Agamben se refere ao "tempo que resta"[19], num contexto mais ligado aos comentário às epístolas de S. Paulo.

Como nos afirma o autor[20], trata-se de um tempo que é marcado, ao mesmo tempo, pela "espera no instante". Mas não de um tempo que é projectado num futuro, num sentido habitual do termo, porém é a relação que suporta, no aqui e agora, a sua interrupção e exige um presente sempre por cumprir. Desta forma, na fissura aberta pela suspensão do presente, o messianismo produz uma verdadeira colocação à distância, especulativa e cronológica, tanto dos filósofos como igualmente dos historiógrafos, da história reflectida enquanto história original produzida segundo as categorias hegelianas. Esta concepção sustenta-se pela não-condicionalidade absoluta do tempo da vinda do tempo, que é, com efeito, o primeiro tempo que vem.

O messianismo não conhece nem o lugar nem o momento, ele radica na pura suspensão do tempo, que ele dobra classicamente em dois mundos, este (*olam haze*) e o que há-de-vir (*olam haba*), um no outro, mas distintos, tanto no que se refere às suas qualidades e natureza, bem como aos seus traços particulares. Esta pertença recíproca do diferente, do indeterminável é, na opinião de Bensussan, o "carácter mais constante e mais notável da espera messiânica". Uma estranheza interna que marca a sua irredutibilidade e que, se por vezes tem um carácter luminoso, outras vezes é mais hesitante. Uma polaridade e uma aspereza que constitui esta dobra do tempo e da história, saturada de tensões e de polaridades que são, aliás, bem conhecidas por toda a tradição judaica. A *dobra messiânica* – termo usado tanto por Bensussan como por Derrida, para caracterizar o tempo messiânico, na sua estrutura interna – obriga o tempo histórico a curvar-se segundo as leis do advir e do ser, fazendo ressaltar a importância do instante vivido que faz surgir a esperança e o sentido da história.

Em vez de uma lei geral que ordena e estratifica a história de acordo com as grandes narrativas e as "continuidades" ontológicas das filosofias da história, volta-se, inversamente, para o detalhe e o íntimo, o fragmento que pode "sair" dessa tirânica sucessão de instantes temporais, numa exigência de uma instauração do presente, uma urgência que se encontra bem patente nalguma poesia de Celan, como no poema que dá mote a este capítulo: *é tempo que se saiba! / É tempo que a pedra se decida a florir, / é tempo.* Como podemos constatar, o poema é mais "eficaz" do que a linguagem filosófica a dar conta desta exigência. A poesia é, aliás, uma das modalidades em que mais se pressente este desejo da demora do instante, enquanto exigência primordial da palavra. Ela fornece, de uma outra forma (mais mundana e alheia à teologia), uma testemunha notável da experiência da interrupção do tempo, sugerindo e evocando uma experiência autêntica e próxima desta experiência messiânica que aqui falamos. A experiência do tempo messiânico supõe uma escatologia interior, que subverte a rítmica própria da linguagem, operando essa subversão a partir da matriz da própria linguagem e da sua musicalidade intrínseca.

O instante é o ponto originário, a fonte de todo o advir, como o disse Rosenzweig, em *A Estrela da Redenção,* é nele que se sustenta toda a concepção messiânica. E este instante é sempre "o instante de um acto, a descontinuidade do que se actualiza" e o messianismo faz ressaltar (senão divinizar) a instantaneidade e a sua novidade, contrapondo a ruptura e a descontinuidade, às trajectórias contínuas e de longo curso. Ele exalta, assim, a descontinuidade e a fragmentação da história e das suas formas. Trata-se, não apenas de uma condensação desses fragmentos, como também da sua exaltação ou da elevação do ínfimo e do detalhe ao lugar do que era antes o primordial.

Aquilo a que se chama a *dobra messiânica do tempo* constitui-se como a figura metafórica e, ao mesmo tempo, metodológica, dessa messianicidade. Se ela diz respeito a uma estratificação, a uma não-homogeneidade, esta não se reduz a uma efectiva dualidade, sofrendo pela sua reunificação. A literatura rabínica é sensível a esta heterogeneidade e a esta dificuldade, distinguindo entre "os dias do Messias" e o mundo que vem, qualificando assim durações incoincidentes e introduzindo a noção de "no futuro que vem"[21].

Torna-se necessário levar a cabo uma clarificação da natureza do messianismo de que falamos, neste preciso caso. Sem dúvida que o messianismo do século XX, que tentamos analisar, é uma "forma" herdada do messianismo tradicional e judaico, mas não podemos confundi-lo com a concepção usada pela concepção historiográfica contemporânea. Bensussan é muito claro na questão da apropriação historiográfica do messianismo. Trata-se, como ele o reconhece, de uma forma "abastardada", aquela pela qual se dá a apropriação do messianismo: por um lado, é o messianismo secularizado e, por outro, trata-se da apropriação por reinvenção. Essa ambivalência permanece sempre, lançando uma certa indeterminação sobre os conceitos.

A constante ambivalência entre o messianismo secularizado e o messianismo apropriado por reinvenção faz-nos deter-nos sobre o uso dos conceitos e obriga-nos a precisar os níveis diversos do uso do termo, a questão das suas fontes (respectivamente), bem como determinar, ainda, as figuras do tempo que se lhe encontram associadas.

A distinção proposta por Bensussan propõe três níveis diferentes:

1. O messianismo próprio à tradição judaica
(e aqui referimo-nos ao *tempo escatológico*)
2. A sua secularização pelos filósofos da história
(*tempo teleológico*)
3. A sua retomada pelos messianismos e pelo acontecimento
(*tempo interruptivo*)

Como pode claramente compreender-se, este entrecruzamento entre diferentes níveis de messianismo (ou diferentes acepções do mesmo) conduz, muito frequentemente, ao equívoco e à falta de clareza. Por isso, a proposta de distinção é mais do que benvinda, torna-se absolutamente necessária, para uma clarificação das questões que lhes são respectivamente adjacentes.

No entanto, como é compreensível, não obstante essa distinção (que devemos tomar como guia de leitura e interpretação), essas diferentes acepções tendem a cruzar-se. Mas o que nos interessa neste livro é o messianismo benjaminiano, que diz respeito, sobretudo, ao acontecimento histórico e à interrupção. Se esse tempo interruptivo possui uma natureza escatológica, isso deve-se à própria essência do messianismo e está nele como uma potência dinâmica e actuante.

De acordo com Agamben, há uma aporia que se encontra, desde logo, no cerne do tempo messiânico, sendo ela a "articulação entre a memória e a esperança, do passado e do presente, da plenitude e da falta, da origem e do fim que ele implica". Essa experiência de ambivalência, dilaceradora por natureza, é a "experiência do tempo messiânico" e Paulo[22] exprime-a de uma forma específica, como *epekteinomenos*. Por isso, o tempo de Paulo, tempo messiânico por excelência, é definido por Agamben como *ho nun kairos,* ou seja, o tempo do agora (esta é também a razão que distingue Paulo, apóstolo, de um profeta. A expressão técnica que designa o acontecimento messiânico é o *ho nun kairos,* o tempo do agora). E ele articula-se com a questão do judaísmo de saber como é possível a comunidade messiânica, colocando precisamente a tónica na questão mais importante da tradição judaica.

Porém, o apóstolo deve ser distinguido de uma outra figura com a qual ele é frequentemente confundido, da mesma forma que o tempo messiânico é frequentemente confundido com o tempo escatológico, de acordo com Agamben. Já falámos na ambiguidade entre o profeta (que se mantém numa constante relação com o futuro) e o apóstolo (que se sustenta na dimensão do acontecimento messiânico, o tempo do agora). Precisemos, então, que o discurso apocalíptico (que é a matriz de uma grande parte da tradição judaica) se situa no "último dia" ou "o dia da cólera". O profeta vê esse dia que advirá e descreve-o, descrevendo certamente aquilo que ele vê. Contrariamente, o apóstolo não partilha desse tempo, o *eskaton.*

Há uma diferença essencial entre a natureza do apóstolo e do visionário profeta, ao nível do messianismo que ambos encarnam, cada um a seu modo. Para sermos precisos, o messiânico não é o fim do tempo, mas *o tempo do fim*[23]. "Aquilo que interessa ao apóstolo não é o último dia, *o instante no qual o tempo acaba* [sublinhado meu], *mas o tempo que se contrai e que começa a terminar* [sublinhado meu] "[24].

Agamben refere a clássica distinção, na tradição do discurso apocalíptico judeu e da tradição rabínica, entre "dois tempos" ou "dois mundos". O *olam hazzeh,* que se refere à duração do mundo desde a sua criação até ao seu fim, e de *olam habba,* o mundo que vem, ou seja, a eternidade intemporal que se seguirá ao fim do mundo. O tempo messiânico não é nem um nem outro, nem o tempo cronológico e nem sequer o *eskaton* apocalíptico. É *o tempo que resta/fica entre esses dois tempos quando se avista uma cesura messiânica*[25]. A afirmação de Agamben ganha a maior pertinência, agora, se atendermos à ideia de um tempo como tensão e, ao mesmo tempo, como contracção messiânica.

Por outro lado, a relação que se estabelece entre esses dois tempos não é somente a ideia de uma prefiguração, mas sobretudo a de uma constelação, o que supõe uma "quase unidade" entre esses dois tempos. O passado, de acordo com esta ideia, está incluído no presente.

A ideia de um *Kairos* que se opõe ao *Chronos* pode parecer-nos cómoda, abreviando as dificuldades relativas à análise do tema. O *Kairos* surge no interior do próprio tempo cronológico e essa é a sua "novidade" e, também, a sua dificuldade. Como explicar essa súbita interrupção? O corte, a cesura? Porque é que após essa cesura se dá a contracção messiânica? Estas questões estão longe da transparência que naturalmente a filosofia exige, remetendo-nos para o confronto de uma estranheza que resiste à nossa compreensão.

Daí surge, também, a importância em corrigir os equívocos que recobrem o tempo messiânico relativamente ao escatológico, como o qual o tempo messiânico tem sido frequentemente confundido. Agamben adverte para leituras e interpretações feitas, tanto por Blumenberg, como por Löwith, que contribuíram enormemente para a confusão entre o messianismo e o tempo escatológico, o tempo do fim com o fim do tempo, tendo deixado escapar a dimensão essencial do tempo messiânico.

3. Memória e salvação

Uma das categorias centrais do messianismo é a memória. Trata-se de uma memória particular, que aparece aqui como "uma propedêutica e uma antecipação da salvação". Do mesmo modo que o passado, na lembrança, se liberta da experiência longínqua do vivido e se transforma pela primeira vez na minha experiência, ou melhor, no "meu passado", também os homens se reapropriam da sua história, enquanto experiência colectiva, o que, na tradição judaica, era tomado como a história da comunidade messiânica. Do mesmo modo que, de uma certa forma, o que era acabado se torna inacabado e o que era inacabado se transforma em acabado, os homens preparam-se, na recapitulação messiânica, para fixar para sempre e na eternidade aquilo que não conhece nem passado nem repetição. Esta questão aparece justamente numa discussão que aparece na correspondência entre Benjamin e

Horkheimer e que aquele irá incorporar na sua obra *O Livro das Passagens*, como veremos.

A representação que anseia para que o tempo messiânico seja orientado para o futuro é falsa. Temos o hábito de encarar o conceito de salvação com os olhos postos no futuro e na eternidade, mas essa representação não é correcta, quando aplicada ao tempo messiânico.

> A recapitulação, l'*anakephalaiosis* significa, pelo contrário, para Paulo, que *ho nun kairos* seja uma contracção do passado e do presente, e que, no momento decisivo, é sobretudo com o passado que nós devemos regular as nossas contas[26].

Tal não implica uma atitude de nostalgia, como se poderia ser levado a pensar, mas "a recapitulação do passado é igualmente um julgamento pronunciado sobre este". Ora, de acordo com o que Agamben afirma, a propósito do apóstolo Paulo e da experiência messiânica do tempo e da visão messiânica do passado, o conceito de recapitulação contém um pressuposto, que é o do "tribunal" do passado. Não se trata apenas de contemplar e evocar nostalgicamente aquele, passivamente, mas há uma dimensão profundamente activa e operativa que actua sobre esse passado, julgando-o, de acordo com regras e códigos específicos.

Uma tensão encontra-se instalada no coração da temporalidade messiânica: se, por um lado, há uma tensão para o advir (e não para o futuro), por outro, há um "olhar" para o passado, o que constitui uma bipolaridade que estilhaça, não apenas a experiência, como também o próprio conceito. Esta tensão, nomeada por Paulo, tem um nome: *epekteinomenos*. O termo pode ser desdobrado em duas proposições opostas: *epi* (sobre) e *ek* (a partir de), que acompanham um verbo que quer dizer "tender para", experimentando o duplo movimento do gesto de Paulo. Por um lado, a tensão para o que está em frente não pode produzir-se senão e a partir do que se encontra atrás: como o próprio Paulo o afirma "esquecendo o passado, sobre ele e a partir dele tendendo para o futuro"[27]. É por essa razão que Paulo sente que não "estar acabado/cumprido" significa dizer que lhe falta uma parte de si mesmo.

Assim, a exigência messiânica, tomada enquanto exigência, relativamente ao tempo, é também a exigência da salvação. Ela requer e convoca um mundo e convida-o a assistir à sua interrupção de carácter prático e moral, partindo da contemplação de um passado perdido na noite do tempo, entre a dor, o sofrimento e a violência. Desta forma, o instante, o presente (ou melhor, o *agora*) é chamado a salvar o passado. E o messianismo judeu significa, na ordem da temporalidade, uma estrutura de espera/expectativa que nada permite evitar porque ela é a própria prova do tempo e da resistência da sua imprevisibilidade. O tempo configura-se, não como cronológico, como já o explicámos, mas também ainda não é um *kairos*, é antes a contracção, o *tempo que resta*[28] (Agamben, Le Temps qui reste, 2000), como nos diz Giorgio Agamben. Trata-se de um tempo sincopado, entrecortado pela intervenção divina.

A própria redenção é tomada como uma *tensão presente e efectiva com o exílio do divino que ela redimirá*. Isto é, entre o exílio e a redenção esboça-se o tempo messiânico, simultaneamente aberto, quer ao passado, quer ao advir. Distendido como um arco, vibra nele essa estranha e áspera música que é a dialéctica, sintoma da imprevisibilidade do próprio tempo. Talvez pareça um atrevimento falar de uma fractura, criada na própria temporalidade, fractura que advém da incoincidência dos dois mundos, substantivamente diferentes. Entre a *geoula* e a *gola*, entre o exílio e a redenção, situa-se a experiência messiânica, certamente alegórica. Enquanto reparação do exílio, a redenção permite repor a harmonia, nesse campo de tensão dialéctica, como um acabamento. Reparação que é, também, a restauração, de que nos fala Scholem, e que será desenvolvida no próximo capítulo, um *tikkoun*. O conceito de *tikkoun* suscita vários problemas que, a um nível mais simples, resultam da sua tradução do hebraico para o grego. A palavra escolhida pelo grego para traduzir esta palavra foi *apokatastasis* e ela remonta à cosmogonia estóica tardia.

Esta descreve como o universo é, em determinados períodos, consumido pelo fogo que lhe deu origem, a *ecpyrôse* de que fala Heraclito e de como o universo renasce dessas cinzas. Mais tarde, no século IV, Nemesius afirmará que o universo não cessa de se reconstituir de forma idêntica: a história recomeça indefinidamente nos grandes restabelecimentos interrompidos das coisas. Orígenes encontra-o nos evangelhos, onde ele traduz a palavra hebraica *tikkoun*. Assim, desvia-se da sua acepção estóica para criar uma doutrina, não do retorno perpétuo, mas do *fim escatológico*. A *apokatastasis apanton* exerce o seu efeito sobre a meditação de Leibniz e culminará na elaboração nietszcheana do eterno retorno do mesmo (Leibniz, 1991, pp. 173-178).

Também para o cabalista de Safed, Isaac Louria, no século XVII, o conceito faz parte da criação e da sua cosmologia. A teoria de Louria afasta-se da simplicidade e fundamenta-se na teoria do *Tzimtzum*, que significa, originalmente, "concentração" ou "contracção". Esta palavra, se usada na linguagem cabalística, é mais traduzida por "retracção" ou "retirada". Assim, para os cabalistas da escola de Luria, *Tzimtzum* não significa a concentração de Deus, mas a sua retirada de um ponto.

O primeiro passo de Deus, sem-fim (*Ein-sof*), não é um passo para fora de si, mas um passo para dentro, e, em lugar de emanação, temos o oposto, a contracção. Este retraimento de Deus para dentro do seu próprio ser é considerado um exílio, uma reclusão para a qual ele próprio se remeteu. Visto desse prisma, a ideia do *Tzimtzum* constitui-se como o mais profundo símbolo do exílio. O primeiro dos seus actos é, não um acto de revelação, mas de limitação. Só no segundo acto é que Deus emite um raio da sua potente luz e dá início à sua revelação, ou melhor, ao seu desdobramento como Deus, o criador, no espaço primordial da sua criação. Cada novo acto de emanação e manifestação é precedido por outro, de contracção e de retracção. Noutras palavras, esboça-se aqui uma tensão, que põe à vista o drama da criação. Se cada estádio envolve um duplo processo, então tudo existe no contexto desse paradoxo. O que podemos concluir desta teoria do *Tzimtzum?*

Para alguns historiadores e estudiosos do cabalismo, esta teoria parece ser a única teoria cujo fito é, verdadeiramente, o de explicar a criação a partir do nada. Abre-se, assim, o tempo das dissociações como o masculino/feminino, alto/baixo, bem/mal, puro/impuro, etc. Como o afirma Gérard Bensussan, o mito luriânico da criação "põe em relação o drama cósmico que ele traça com o obstáculo ontológico que é trazido com ele à criação."[29] Ao lado desta concepção do processo cósmico da criação, Luria criou também a teoria do *tikkoun*, que, como se sabe, significa a reparação da falta. Assim, o messianismo judeu, resultando desta concepção e no seu conjunto, é caracterizado pela ideia, profunda e constantemente impregnada na tradição judaica, de uma "promessa messiânica selada como uma aliança dos tempos no tempo"[30]. Como o autor o afirma, esta é também a "aliança da esperança benjaminiana do passado e da rememoração tikkounica da redenção, aliança impredizível nos seus efeitos, do passado e do advir, a promessa messiânica anuncia uma vinda"[31]. Ao mesmo tempo, essa promessa assenta numa imprevisibilidade que lhe é intrínseca. Esse é o pacto do messianismo com o tempo. É preciso, então, que o tempo seja imobilizado, ou que seja como tal, para que se cumpra essa fidelidade às condições da promessa ou que o compromisso possa ser mantido. A fidelidade ao tempo é a sua condição essencial para levar a cabo a reparação.

Todo o compromisso da história é, assim, um compromisso com o tempo, o que abre, também, a condição da justiça e da reparação social. Via de esperança, abertura ética no campo filosófico, mas também político, eis o que Rosenzweig reconheceu como o carácter mais tenaz do messianismo judaico: *a via da esperança*. Por isso, a fidelidade messiânica ao tempo se sustenta nesta paciência impaciente que, ao mesmo tempo, resiste e se extenua, faz sofrer e inquietar, mas que, também, abre o caminho da esperança, em toda a sua polaridade, abrindo, assim, o campo paradoxal onde se move toda a história humana.

4. Análise sobre a estrutura messiânica da filosofia moderna

O homem moderno – referimo-nos, naturalmente ao messianismo moderno –, o da secularização, vive em interioridade, num mundo dessacralizado, tendendo para a indefinição do tempo histórico, entre o presságio e a presença, entre o desencantamento e o progresso (que se revela, na óptica do messianismo, como uma fantasmagoria). Sob este aspecto, há uma tensão constante que faz com que as experiências diversas se entrechoquem e os conceitos adquiram uma natureza mais problemática, caracterizada pela constante bipolaridade que lhes é intrínseca. Enquanto a secularização quer forçar a história à continuidade do seu desenvolvimento, o messianismo quer reconduzir a história num sentido inverso, o da anunciação da ruptura e da redenção.

Um dos factores decisivos na secularização foi, efectivamente, a filosofia moderna. Como muitos autores e em especial Nietzsche, que afirmou ser a filosofia moderna uma "astuciosa teologia", pois apropriou-se dos procedimentos complexos da teologia cristã e reelaborou toda a sua estrutura, integrando esses elementos. Tomemos como caso particular as filosofias da história que foram elaboradas pelo idealismo alemão. A sua matriz originária é essencialmente a da secularização cristã do messianismo. Mas, de facto, que sentido faz falar de messianismo se ele é um *messianismo secularizado?* Qual a sua estrutura e pontos em comum.

O que pode unir as duas modalidades, uma vez que a segunda sofre uma descaracterização essencial?

Se, como vimos anteriormente, todo o messianismo assenta na sua essência sagrada, irradiando a presença do divino (mesmo quando ausente) o seu brilho, o que pode dar-nos em comum um messianismo secularizado? Com efeito, parece que a ausência dessa sacralização reclama uma qualquer ordem de racionalidade, um advir "esperado", que possa cumpri-la. Pode-se falar, então, numa abertura da razão ao advir. Talvez por essa mesma razão (parece-me plausível) quase todas as grandes filosofias da modernidade estejam despertas para este advir, que irrompe como acontecimento (que há de irromper no advir histórico). A mesma razão permite compreender o quão importante é a dimensão da temporalidade do advir. O advir como o elemento não-antecipável, certamente, mas que paira, na sua espectralidade. Não se trata do advir como o horizonte da pré-existência, mas da mais radical novidade, um horizonte de espera - e que é também um horizonte de esperança.

No quadro histórico que vai do pensamento cartesiano a Marx, podemos reconhecer uma transversalidade da utopia racional, da qual a secularização foi, em grande medida, a sua realização histórica. O advir da razão passa, assim, a constituir-se como o próprio sentido da história e do destino do homem, uma vez que o processo histórico conhece nele o seu protagonista central. Tempo, advir e consciência da razão configuram-se como elementos nucleares, em torno dos quais gravita todo a filosofia moderna, no seu esforço crítico de constituir uma abertura para a razão. "Nesta perspectiva aberta e ascensional, a auto-compreensão do espírito humano caminha par a par com um processo de racionalização da vida e do mundo"[32]. Não restam dúvidas de que a grande expansão da ordem racional da época moderna se articula claramente com o processo de auto-consciencialização e do auto-movimento do espírito universal, isto é, com a crença num processo histórico cuja constante metamorfose e desenvolvimento são as suas principais características. Ela move-se e tende para um processo que, a dada altura, pelo seu auto-conhecimento, pode negar-se a si mesmo. E este é o espírito universal, avassalador, que arrasta tudo à sua passagem e é conduzido numa determinada direcção, que, a dado momento, pode ser auto-negado.

Há, deste modo, um tempo da filosofia e do seu desenrolar, que é determinado por aquilo com o qual ela se relaciona, da ordem dum não--dado, dum não-antecipável, como já afirmámos anteriormente. Algo de que Hegel fala, no Prefácio à *Fenomenologia do Espírito*, numa passagem em que exalta a filosofia, num tom romântico, dizendo que o "nosso tempo" é a "passagem a um novo período", um "tempo de nascença e de transição", onde se esboça "a figura do novo mundo", a constituição que confere à sua filosofia o ímpeto para um "movimento de progressão contínua" do espírito. Para essa "passagem" a um novo período, é necessário que haja uma mudança de paradigma da temporalidade. O outro tempo de que nos fala Hegel é o do presente da realização, a presença de um saber presentemente efectivo, operando de uma forma sistemática, capaz de abranger a complexidade do fenómeno histórico. Assim, o dever ser num outro tempo, o futuro, revela-se no seu presente efectuado, o presente que tende, constantemente para o seu futuro. Ora, compreende-se claramente que Hegel procura algo mais que essa sucessão de instantes, que pressente uma utopia do advir que actua internamente no processo histórico.

Desde o idealismo clássico a Nietzsche e a ideia duma filosofia que há-de vir (com Feuerbach e com Walter Benjamin, sobretudo, no jovem Benjamin) ou, ainda, de um fim da filosofia (com Marx), pode-se mapear a história nos seus vários sobressaltos. Com esta série de "falsas partidas", os filósofos caminharam para a sua emancipação intelectual, criticando as alienações incorporadas nas relações sociais e nas relações inter-humanas. Como o reconhecem vários autores, a utopia racional da filosofia moderna encontra o seu corpo e o seu meio natural na representação da história, tanto no que se refere em termos de processo - condições operatórias - como do progresso. O conceito de progresso, nas suas imensas variações, pode ser interpretado como a secularização do lugar da redenção. A mesma promessa utópica subjaz ao lugar da história.

Adorno defende a ideia de que todas as filosofias da história têm a sua origem religiosa em Santo Agostinho. Este tinha inaugurado este aspecto na sua obra, substituindo a promessa da redenção messiânica pela doutrina pagã do eterno retorno do mesmo. Com Vico e, posteriormente, com Descartes, esta substituição é recolocada por uma outra, pois com o humanismo emergente da Renascença, a humanidade substitui o lugar de Deus, enquanto novo centro da história. Esta secularização progressiva define a emergência da estrutura messiânica da filosofia moderna e a ideia de redenção já não é dada como o fim da história dos homens que ela transcendia[33], mas ela integra-se como o seu *telos* imanente. Assim, uma filosofia construtivista nasce, o *progressismo*, que pensa o objecto histórico na sua linearidade temporal e contínua. Os vários exemplos disso podemos encontrá-los tanto na filosofia hegeliana, como na filosofia de Marx ou, ainda, de Kant (muito presente nos estudos do jovem Benjamin)[34].

Tanto Bloch como Adorno ressaltaram o interesse filosófico do pensamento kantiano e da sua abertura ao progresso, que se deixa interromper e que mostra as cesuras históricas. Hegel foi também um dos autores privilegiados, encerrando as extremidades separadas, fazendo coincidir a substância activa e a razão absoluta, ser e dever ser, pondo em jogo, de outra forma, a figura messiânica da filosofia. Para ser praticada enquanto pensamento do mundo, a filosofia deve ter já consignada uma vinda, a do dia que não desfaz a obra da noite, o dia em que se acaba e se apresenta a todos o olhar do trabalho de Penélope, obstinado e paciente.

5. Uma nova representação do tempo? Ou o retomar da tradição?

Como o sabemos, por tradição, tanto o espaço como o tempo constituem modalidades de ser privilegiadas da realidade externa. Tudo aquilo que se relaciona com o tempo, também se encontra relacionado com o espaço. Kant definiu espaço e tempo como condições *a priori* da nossa experiência, sendo que sem elas não é possível constituir qualquer experiência. Tudo aquilo que é é no tempo, mas o tempo, como o espaço não são coisas nem sequer propriedades das coisas.

Reflectir sobre ele não é o mesmo que reflectir sobre o predicado de uma coisa ou sobre um ser. Ele passa, escapa-se e nada escapa à sua mordedura e ao que permite tomar consciência de mim mesma é, sem dúvida, essa auto-afecção. Uma modificação lenta e insidiosa do meu ser corporal, um envelhecimento contínuo, algo que me dá conta, numa tomada de consciência descontínua. É precisamente a partir deste paradoxo familiar, de algo que nos é íntimo e que, ao mesmo tempo, nos escapa irremediavelmente, com todas as consequências que daí advêm, que se poderá delimitar o núcleo ou o coração da messianicidade do tempo humano, como este ser que se encontra num constante advir – enquanto espera, antecipação – ou a ser evocado – enquanto reminiscência e memória. Poder-se-á dizer o mesmo do espaço, o qual pertence, ao mesmo tempo, ao sujeito e ao objecto de conhecimento (pensemos na questão da simultaneidade, enquanto critério fundamental, ou na contiguidade).

Houve sempre em Kant a preocupação de separar o tempo científico do tempo psicológico. Assim, os conceitos deveriam abrir-se para diferentes experiências do tempo, uma científica, outra como "experiência vivida do tempo". A par disso, uma respectiva experiência do espaço, também, o espaço das ciências e a percepção interna do espaço. A termodinâmica, na história da ciência, vem mostrar que a direcção do tempo se caracteriza pela noção de entropia crescente, ou seja, pela perda ou transformação de uma parte da energia, indo par a par com a conservação da energia total. Inovadora, esta noção vem revolucionar inteira e radicalmente a noção de tempo, influenciando a viragem das ciências. De facto, estas substituem um tempo convencional e simbólico que lhes serve de padrão de medida das grandezas reais. O que nos interessa é o modo como estas mudanças se reflectem na criação de conceitos (ou na sua alteração), reescrevendo certamente as noções tradicionais de sucessão, de duração, de simultaneidade e de sucessão, bem como as de movimento, dimensionalidade, etc.

Foi precisamente Bergson quem soube demonstrar como é que a duração pura se exteriorizava no tempo mensurável e espacializado. No contexto da "evolução criadora" de Bergson, a relação entre a invenção e o *continuum* pode ser dita da seguinte forma: a duração do tempo, esvaziando o tempo de toda a interrupção, espacializa, por seu lado, o instante. Ele fala, assim, de uma "trama universal das coisas, dada de uma única vez."[35]. A espacialização do tempo oferece-se como uma evidência. A ideia da direcção do tempo, de um sentido que vai do passado ao futuro, é irmã da ideia da duração. Assim como do passado ao futuro, do nascimento à morte o decurso do tempo não se inverte. É desta mordedura implacável que se alimentam as teorias da melancolia, como veremos. No seio de todas estas teorias e diferentes autores, o problema tradicional do tempo e do espaço, está longe de ser clarificado, mas não é por isso que deixamos de nos relacionar com a tradição desse pensamento, tomando-a como condição *sine qua non* para analisarmos a questão do tempo messiânico.

Porém, se nos debruçarmos sobre a obra de Schelling, *Les Ages du Monde*, podemos verificar uma teoria bastante interessante. Propondo uma teoria da organicidade dos tempos segundo a qual os diferentes tempos se relacionam entre si de forma concêntrica, e não linear, Schelling traz à filosofia algo de radicalmente novo. O tempo já não é mais o receptáculo universal contendo tudo o que lhe chega ou chegará, mas uma *conjunção dinâmica*. De acordo com vários autores e comentadores de Schelling, os textos da cabala e da tradição judaica terão marcado indelevelmente o seu pensamento místico.

6. Escatologia messiânica e a sua relação com o tempo

O que opõe o sentido da escatologia messiânica, tal como nós a opomos à teleologia progressista é a ideia de um tempo genético[36], sobretudo genesíaco, face a um tempo objectal e estrutural. O advir não é o que se apresenta diante de nós e se nos oferece com a sua presença, mas é também o que nos aparece de forma indefinida, um tanto obscura, como uma herança sempre presente.

A gramática hebraica do tempo, como lhe chama Bensussan, é estruturada pela distinção entre o cumprido e o não-cumprido, o acabado e o não-acabado, o que é transversal às três dimensões do passado, presente e o porvir. O futuro é uma incógnita, atingido por uma invisibilidade radical, realidade desconcertante e totalmente imprevisível. Por isso, o tempo não se constrói como esse desenrolar que se poderia contemplar de longe. Longe disso, a intranquilidade contamina todo o futuro. Até na conjugação dos verbos da gramática se pode constatar que "um verbo conjugado no passado poderá indicar uma acção futura". A gramática hebraica reflecte totalmente essa indecidibilidade entre os tempos.

Por isso, a escatologia consiste numa situação em que se coloca como suposto o advir. A própria palavra saiu de uma má tradução do hebreu: *ta eschata* (do grego) devia ser o equivalente do hebreu *akhar*, o qual não significa as últimas coisas, mas o que vem após a expressão usual *be-akharit há-yamim*, frequentemente traduzida pelo "fim dos tempos", designa o advir. Desta forma, a escatologia messiânica é uma escatologia, como afirma o autor, impredizível que recai sobre as bordas extremas do tempo, para esse "tempo que resta" de que fala Agamben e que já foi aqui referido. Esse é o tempo messiânico.

Assim, referimo-nos aqui, tanto a uma tradição conceptual presente no tema que nos propomos abordar, tentando aflorar as várias questões que se relacionam, não apenas com os temas mais antigos e relativos à concepção messiânica, mas também o modo como eles foram sendo integrados ao longo da evolução do pensamento judaico e ocidental e incorporaram os mais variados campos da filosofia, da história e da metafísica. Todavia, o que nos parece mais interessante, não é tanto a análise exaustiva do tema, mas sim a determinação de um conceito, o do tempo messiânico, que acaba por transformar-se num conceito operatório fundamental para compreender e interpretar algumas correntes historiográficas absolutamente incontornáveis, dos séculos XIX e XX, em especial o caso benjaminiano. Aquilo que, no momento, nos importa compreender é, com efeito, em que consiste a "pequena porta pela qual entra o Messias" de que nos fala Walter Benjamin, na sua obra *Sobre o Conceito de História*, na última frase do «Apêndice B»[37]?

Que porta é essa que se abre, como se abre ela, porque se abre? Talvez estas questões retirem à expressão a sua "enigmática beleza", embora essa não seja a intenção aqui presente. O que se procura, justamente, é reacender essa luz irradiante que deixe mais claro o sentido da prosa benjaminiana.

III
O nascimento de um projecto messiânico

A discordância de Benjamin relativamente ao Movimento vai subindo de tom, face ao apelo de Wynecken para a mobilização da juventude para a Guerra de 1914/1918. Se, no princípio, Benjamin era indiferente relativamente à guerra, vai-se tornando cada vez mais oponente à mesma (sobretudo após a morte trágica dos seus amigos próximos Heinle e Rita Seligson), de forma veemente e justificada, atitude que contrastava com o ambiente de mobilização.

A data 8 de Agosto de 1914, o dia da morte do amigo, marca nitidamente o fim da sua relação com o Movimento. E quando Wynecken publica *Juventude e Guerra* (*Jugend und Krieg*, 1914), ele responde-lhe, em Março de 1915, com uma "carta aberta" na qual manifesta o seu desacordo com o Movimento: "Peço-lhe que receba estas linhas que se seguem, onde me afasto de si totalmente e sem reservas, como a última prova da minha fidelidade e apenas como tal. (...)"[38]. Embora o tom seja respeitoso, o certo é que a sua posição é irreversível. Nessa altura, Benjamin cessa igualmente a sua colaboração com a revista *Der Anfang* e retira-se do *Sprechsaal*. Com esta última acção, ele recusa o compromisso com o sionismo político, mas afirma manter-se fiel ao espírito da juventude, num sentido muito preciso, como veremos.

Na carta de 15 de Setembro de 1913, dirigida a Carla Seligson, a qual fazia parte, como ele, do *Sprechsaal*, Benjamin confessa a sua vocação messiânica e defende a sua actividade na revista *Anfang*, como estando ao serviço do ideal pedagógico e cultural de Wynecken. Porém, a carta que lhe dirige em Março de 1915 é já muito claro o seu desacordo, relativamente ao pedagogo por quem nutrira uma verdadeira admiração. Para Benjamin, o Movimento não possui a abertura necessária que permita o espírito da liberdade. Após ter falhado a tentativa de estabelecer um programa que exigia "a constituição, ou melhor, a possibilidade de uma comunidade da juventude fundada somente em interioridade e intensidade"[39], publica o discurso, onde havia enunciado as suas ideias, o qual é aumentado e publicado com o título "A vida dos estudantes" (*Das Leben der Studenten*), na revista *Neue Merkur*, em 1915. Este texto põe em causa os fundamentos da sociedade burguesa, família, responsabilidade social e profissão, tentando, assim, abrir caminho para um espaço livre de "uma comunidade de homens criadores"[40], ouvindo-se aqui o eco das palavras de Nietszche.

No texto *A Vida dos Estudantes*, Benjamin anuncia já a sua maneira crítica de proceder, procurando estabelecer o seu ponto de partida numa perspectiva da história em que interpreta o presente, não como um tempo histórico vazio, mas como uma visão que se orienta para um advir *messiânico*[41]. Da forma como o próprio texto se encontra estruturado, parece haver uma ideia subjacente em Benjamin, desde o início do seu pensamento e da sua obra. Esta convicção também nos parece evidente no texto sobre Kant, *Sobre a filosofia Vindoura*. À medida que fui analisando estes textos, constatei a importância de ressaltar a sua ideia fundamental e que era a de que ele tentava uma abertura do seu pensamento, orientado por uma convicção messiânica.

Qualquer um dos textos da sua fase mais precoce se constitui como um sério e profundo compromisso com uma nova perspectiva filosófica, que consiste em estender as suas ramificações ao campo da linguagem, da experiência e da crítica de arte. A minha ideia é a de mostrar - algo que farei posteriormente - como ela se esboça e se afirma numa primeira fase do seu pensamento, para se atenuar, posteriormente, dando lugar a um pensamento mais fragmentário e descontínuo. Mais tarde, numa fase tardia da sua obra, ressurgirá em toda a sua força, na obra *Sobre o Conceito de História*, mais precisamente.

A outra ideia que se procura defender, aqui, é que esse programa nasce essencialmente da reflexão benjaminiana sobre os problemas relativos à compreensão da história e se articula, de uma forma profunda, com a sua compreensão da linguagem, numa perspectiva messiânica. Não é por acaso que, se *A Vida dos Estudantes* aborda a questão da história, o texto de 1916, *Sobre a Linguagem em geral e sobre a Linguagem dos homens*, pode ser entendido como um alargamento da perspectiva messiânica a novos campos do pensamento, nomeadamente à teoria da linguagem, tomada num ponto de vista metafísico, mas também das questões da tradução e da filosofia da história. Porém, a articulação é profunda entre os dois textos, tal como o será mais tarde no texto sobre a tradução (*A Tarefa do Tradutor*) de 1923.

1. A Possibilidade de uma tarefa histórico-messiânica

No seu texto de juventude *A Vida dos estudantes*, Benjamin refere na primeira página do seu texto a ideia de um ponto focal (*Brennpunkt*)[42], ou de um ponto de reunião que permita considerar a história à luz de uma situação determinada, exprimindo o desejo de conferir à história uma estrutura metafísica e messiânica, como lembramos: "A tarefa histórica é de dar forma absoluta, em toda a pureza, ao estado imanente de perfeição, de o tornar visível e de o fazer triunfar no presente. (...)"[43]. Esta imagem da história, vista à luz de um ponto focal, remete-nos para um tema que reaparecerá no *Livro das Passagens* e na obra *Sobre o Conceito de História*. Trata-se, com efeito, de uma "iluminação momentânea", isto é, o tempo que ele chamará, não muito mais tarde, *Jetztzeit*. Nessa iluminação acolhe-se a imanência do presente, isto é, do estado de perfeição moral e da redenção que chegará com o Messias no fim da história. Este tempo messiânico é apresentado como uma nova realidade política, ética e do conhecimento histórico. Neste texto, é clara a influência de Hermann Cohen e o seu conceito de "tarefa infinita", embora esse conceito seja criticado posteriormente, em *Sobre o Conceito de História*. No texto *A Vida dos Estudantes*, Benjamin ainda segue, de alguma forma, Hermann Cohen e o seu método neo-kantiano da pureza e o método transcendental.

Benjamin opõe desde logo esta concepção messiânica à visão histórica do progresso. Se, por um lado, se trata de uma tarefa inspiradora, indo buscar ao ideal de pureza o seu fundamento, por outro, é também a tarefa de libertação do conhecimento, de abertura a uma nova ordem de saber, que só pode operar-se mediante uma crítica prévia. Isto é, trata-se de, "por meio do conhecimento, de libertar o advir daquilo que hoje o desfigura", tornando-o "visível e fazendo-o triunfar no presente." De que nos fala Benjamin quando se refere à "estrutura metafísica"? Não é certamente de uma estrutura transcendente, mas sim de algo que é imanente à própria experiência histórica, como uma interrupção violenta e fundadora, revolucionária, como ele próprio afirma.

Também no seu texto *A Metafísica da Juventude*[44], composto no final de 1913 e início de 1914, está contida uma concepção de tempo messiânica e aludindo ainda a uma teoria da linguagem que desenvolverá em 1916. A tarefa messiânica, de que Benjamin nos fala, caminha lado a lado com o desejo de purificação, tomado num sentido kantiano, e de procura de uma «revolução coperniciana», tanto do conhecimento, quanto da história e da linguagem. Se, no texto *A Vida dos estudantes,* Benjamin se refere à questão da purificação do conhecimento e da tarefa da história, na carta redigida a Martin Buber, datada de Junho de 1916, diz: "eu retomo sempre à ideia de que eliminar o indizível da nossa linguagem até torná-la pura como um cristal é a forma que nos é dada e que é a mais acessível para agir no interior da linguagem"[45]. Este é um ideal de pureza, de purificação do conhecimento, mas também de perfeição da língua, no seu uso mais transparente, de modo a que ela se liberte dos constrangimentos e dos equívocos da linguagem, uma vez tomada na sua forma degradada ou instrumental. Trata-se de chegar à *língua pura* [*reine Sprache*] ou da língua originária [*Ursprache*]. Esta concepção da *língua pura* como exigência absoluta e fundamental da experiência humana corresponde bem a um desejo de devolver à língua o seu uso *mágico e não-mediatizável*[46]. A "chispa mágica" que brota da íntima relação entre conhecimento e acção nasce precisamente desta "eliminação do indizível", que consiste na criação de um "estilo de escrita sóbrio e objectivo".

Também na obra *A Tarefa do Tradutor* se apresenta a ideia da chegada à *língua pura* como o movimento próprio de todas as línguas[47], isto é, da sua história própria e, neste sentido, a tarefa do tradutor configura-se, na sua natureza, como uma tarefa messiânica[48], tal como o veremos posteriormente. O movimento tensional das línguas para a *língua pura* é bem o sopro que habita cada uma das línguas. Como se houvesse um anseio secreto, em cada uma delas, movendo-a para a *língua pura* e perfeita.

Ainda podemos interpretar, em mais alguns textos escritos na mesma época, um desejo de encontrar uma fundamentação teórica para o conceito de messianismo. Se na obra *Sobre o Programa da Filosofia Vindoura* (*Über das Programm der Kommenden Philosophie*) podemos encontrar a crítica benjaminiana ao conceito de experiência como uma forma de tentar fundamentar um conceito de experiência de ordem metafísica – e messiânica – os textos *Para uma Crítica da Violência* (*Zur Kritik der Gewalt*) e o *Fragmento Teológico-Político* (*Theologish-politisches Fragment*) são claramente inspirados pelo sopro da ideia messiânica.

2. A ideia da prosa

> *O mundo messiânico é o mundo da actualidade total e integral. Não existe nele senão uma história integral. (...) A sua língua é a própria ideia da prosa, que é compreendida por todos os homens, tal como a língua dos pássaros é compreendida pelas crianças abençoadas ao domingo.*
> Benjamin, *G.S., I,3, B 14*, p. 1239.

A tarefa do tradutor, guiada pelo anseio messiânico de que falámos, conduz a um ideal que encontramos no primeiro romantismo, guiado pela ideia de *sobriedade* (*Nüchternheit*)[49] de Hölderlin e dos primeiros românticos. A noção de uma "ideia da prosa" assente na *sobriedade* (*Nüchternheit*) deriva precisamente desta concepção do Primeiro Romantismo de Schlegel e Novalis.

Esta ideia é nuclear na obra de Benjamin, no sentido em que o autor diz que "a ideia da prosa" coincide com a própria ideia de língua messiânica, a única adequada ao mundo messiânico, isto é, ao mundo da actualidade integral. Benjamin está a referir-se aqui à ideia de uma língua ideal[50], capaz de exprimir uma visão messiânica da história e que já nada tem a ver com a perspectiva historicista do conceito de progresso.

Já na sua obra *O Conceito de Crítica de Arte no Romantismo Alemão,* Benjamin consagra a sua atenção à "ideia da prosa", dizendo que "é na figura da prosa que a ideia da poesia encontrou esta individualidade, à qual Friedrich Schlegel aspirava; para uma tal ideia, os românticos não conheciam nenhuma determinação mais profunda e justa que prosa"[51]. De acordo com o autor, é com esta intuição, "paradoxal na aparência, mas na verdade muito penetrante", que eles "inventam para a filosofia da arte um fundamento inteiramente novo."[52]. Tinha sido precisamente numa carta dirigida a A. W. Schlegel por Novalis – a 12 de Janeiro de 1798 – que esta intuição profunda havia sido formulada, caracterizando em que medida a *ideia da prosa* era essencial à poesia:

> Ela (a poesia) toma um aspecto prosaico, os seus elementos constitutivos associam-me menos – as suas regras rítmicas perdem então o seu rigor – ela adapta-se à representação de um conteúdo mais limitado. Mas permanece poesia – e, por consequência, fiel às leis essenciais da sua natureza[53].

Atributos como a sua “origem fluída” e a sua “natureza originalmente elástica”, o seu “carácter ilimitado” e a sua “aptidão para o todo”, permanecem intocáveis e incólumes na prosa. A simplicidade e a harmonia, por oposição à superabundância das formas poéticas, são, na sua transparência, mais perfeitas. São, assim, as leis da prosa que se conjugam numa nova unidade, “a unidade prosaica”, a que Novalis chama “o ritmo romântico” (Ibidem) [*romantisch Rhytmus*], nessa mesma carta que dirige a A. W. Schlegel.

O poder reunificador da prosa relativamente à poesia aparece sobretudo em Novalis, de uma forma mais intensificada do que em Friedrich Schlegel, mas, para Walter Benjamin, é precisamente “esta concepção da ideia da poesia como prosa” que “determina toda a filosofia romântica da arte”[54]. Interiorizando o espírito da crítica moderna, esta visão alargou-se e “introduziu-se nos fundamentos filosóficos das escolas artísticas posteriores, como o romantismo francês, que lhe sucedeu ou o neo-romantismo alemão.”. É no *prosaico* que se revela, aliás, o grau supremo da reflexão enquanto princípio da arte, no próprio uso da língua, o que se articula intimamente com a noção de sobriedade[55]. “Enquanto comportamento pensativo e lúcido, a reflexão é o contrário do êxtase, da *mania* platónica.”[56]

A reflexão, a crítica e a lucidez constituem-se como palavras de ordem, numa lucidez que incide como um raio de luz sobre a poesia, como o diz Novalis, segundo Benjamin. As obras “bem-feitas” são aquelas que são “penetradas de espírito prosaico”, assentes na sobriedade da prosa. O nó da obra “permanece indestrutível porque já não repousa sobre o êxtase”, mas sim sobre a figura da sobriedade. Numa ruptura com as concepções tradicionais da essência da arte, a forma “já não é expressão da beleza, mas sim da arte concebida, ela própria, como ideia.”

Esta concepção da ideia como princípio da arte e das formas assenta na descoberta da ilusão das formas da arte como aparência do belo ou como manifestações de emoção imediata e inspirada. Só a sobriedade e a ironia românticas permitirão esta ruptura face às concepções tradicionais da arte. Actuando no seu conjunto, a ironia como “desmascaramento” das ilusões e das aparências e a sobriedade como um movimento de concentração do dizer, renunciando à sobreabundância das formas poéticas e procurando no “prosaico” o seu princípio fundamental.

3. A ironia romântica e o conceito de crítica e de criticabilidade da obra

Sem querer forçar excessivamente a interpretação, identifico o processo cáustico da ironia – forma de desarticulação da bela ilusão – sobre a obra de arte, na concepção do primeiro romantismo, com a forma que Benjamin irá utilizar e aplicar, enquanto modo operatório de método de análise e de crítica das obras do teatro barroco alemão. Este *modus operandi* também tinha sido análogo nos estudos sobre Goethe[57], como o será em Baudelaire, quanto à análise da experiência moderna do choque, na sua obra *Charles Baudelaire. Um Poeta lírico no Apogeu do Capitalismo* (*Charles Baudelaire. Ein lyriker im Zeitalter des Hochkapitalismus*). Também na sua obra *O Livro das Passagens*, o processo operatório da desarticulação das fantasmagorias, das ilusões e dos sonhos colectivos é claramente mortificador[58], enquanto método destrutivo e simultaneamente redentor, para o conteúdo de verdade das obras e da compreensão profunda da época, para além das suas máscaras falseadoras.

Quanto à função da ironia, que Benjamin analisa neste texto, *O Conceito de Crítica de Arte no Romantismo Alemão* o autor estabelece uma clara relação com a crítica, da seguinte forma :

> A ironização [*Ironisierung*] da forma consiste na sua destruição deliberada, tal como ela aparece elevada ao mais alto grau, entre todas as produções do romantismo em geral, de toda a literatura, nas comédias de Tieck. Entre todas, é a forma dramática que melhor se deixa ironizar, e da maneira mais impressionante, porque ela detém o maior poder de ilusão e pode suportar então a ironia em dose forte sem se dissolver totalmente[59].

Apesar do poder erosivo da ironia, elevado à sua máxima potência, a expressão [*Ausdruck*] da obra mantém-se. A este propósito, Schlegel tinha sido claríssimo, ressaltando o poder que a ironia confere à tarefa da crítica: manter o olhar lúcido sobre a obra, sem a destruir verdadeiramente, mas sim deixar à vista o que importa na obra: a ideia. E é essencialmente esta concepção que Schlegel tem em vista: *perceber a ironia como crítica da obra de arte*[60], desmascarando-a, deixando à vista o seu esqueleto ou estrutura, para que melhor se possa dar a ver a ideia da obra e "para transformar a obra de arte particular em obra de arte absoluta, para a romantizar".

Todavia, se ironia e crítica podem ser aproximadas, qual é a diferença entre "a destruição irónica da ilusão na forma e a destruição crítica da obra?" Benjamin é categórico: "A crítica sacrifica totalmente a obra por amor da coesão única da arte", eleva-a ao absoluto da ideia. A ironia dá a ver a estrutura da ideia, mas não leva a cabo a destruição radical da obra. A ironia diz respeito à destruição da "forma determinada da obra particular", mas assegura a sua indestrutibilidade. Salvaguardando a importância – e a necessidade – da ironia (ainda que reconhecendo a diferença de grau relativamente à crítica), Benjamin acrescenta:

> Não se poderia ver aí, como é costume fazer, o índice de um subjectivismo sem freio, é preciso, pelo contrário, reconhecer todo o seu valor de momento objectivo na própria obra. Ela representa a tentativa paradoxal de construir [*Gebilde*] ainda a obra, demolindo-a: de demonstrar na própria obra a sua relação com a ideia[61].

A íntima relação que Benjamin descobriu, sobretudo com a leitura de Friedrich Schlegel, sobre a função da ironia e da crítica na interpretação da obra de arte e a importância da crítica para a penetração no teor de verdade da obra de arte, foi de uma importância crucial para o seu pensamento, tanto quanto a sua leitura de Kant e de Goethe. Ressaltamos esse aspecto para a continuidade do seu trabalho na obra *As Afinidades Electivas de Goethe* e na *Origem,* onde claramente o autor mergulha na análise crítica das obras e dos géneros.

A verdadeira compreensão da ideia da obra de arte passa pelo carácter destrutivo da crítica, que sacrifica o conteúdo material das obras de arte, para fazer ressaltar o teor de verdade da obra. E essa compreensão, que Benjamin desenvolveu poderosamente como uma pedra de toque da sua obra crítica, adquire uma dimensão radical na sua teoria sobre a alegoria. Benjamin afirmará posteriormente em *Origem,* que a crítica procede à "mortificação das obras"[62] e fá-lo no sentido de destruir a totalidade da obra e a relação de empatia com ela – no sentido de adesão emotiva.

No texto *As Afinidades Electivas de Goethe, o* crítico é aquele que "mergulha o olhar" no que quer compreender, destruindo o *Schein* da obra, a sua "bela aparência", aniquilando-a no seu elemento mais vulnerável e aparente, para fazer aparecer o que é da ordem do durável, do mesmo modo que um médico destrói a organicidade de um corpo para aceder e compreender a sua verdadeira estrutura. Imergindo no seu conteúdo material, o crítico leva a cabo um resgate que é o da vida essencial da obra, enquanto apresentação da ideia, da sua origem:

> Numa obra de arte, o crítico procura o conteúdo de verdade [*Warheitsgehalt*], o comentador o conteúdo material [*Sachgehalt*]. O que determina a relação entre os dois é esta lei fundamental de toda a escrita: à medida que o conteúdo de verdade de uma obra adquire mais significação, o seu lugar para o conteúdo material torna-se menos aparente e mais interior. As obras de arte que se revelam duráveis são justamente aquelas de que a verdade está mais profundamente imersa no conteúdo material (...) Unidas nos primeiros tempos da obra, à medida que ela dura, vê-se, assim, dissociar-se o conteúdo material e o conteúdo de verdade, porque, se a segunda permanece sempre escondida, a primeira transparece. Quanto mais o tempo passa, mais a exegese do que na obra espanta e expatria, ou seja, o seu conteúdo material, torna-se para todo o crítico tardio uma condição prévia[63].

Esta experiência de desarticulação da obra, de "mortificação" e sacrifício do conteúdo material da obra, constitui-se como uma experiência crucial na obra de Benjamin, aplicada também às suas análises mais tardias sobre Baudelaire e sobre as formas emergentes da modernidade. De acordo com Benjamin, as obras que dizem respeito ao *Trauerspiel* prestam-se, mais do que qualquer obra de arte, a uma análise crítica, num sentido alegórico, por uma razão simples, a saber: porque elas já estão mortas, são *ruínas*, são destituídas de *Schein*, isto é, encontram-se desde logo desfiguradas na sua "bela aparência", isto é, os *Trauerspiele* constituem-se como "*amontoados de ruínas*", como se essas obras já tivessem surgido destinadas à morte. Neste sentido, elas já se encontram aptas, preparadas, desde sempre, para o procedimento crítico, ou seja, para que aquele que quer reabilitá-las, na sua fragilidade e arrancá-las àquela, descubra nelas o seu princípio de formação.

Pela sua forma, já de si decadente e arruinada, essas obras – que tanto podem ser as obras do barroco alemão, deixam mais à vista a origem que lhes é intrínseca. O crítico toma a obra justamente como deve tomá-la, como uma coisa morta e imerge em cada detalhe com o fito de descobrir o princípio originário da obra, procurando o modo como a ideia se configura historicamente, para além dos seus conteúdos factuais, na sua estrutura.

Tal como a tradução implica o conceito de *traduzibilidade* [*Übersetzbarkeit*], como o princípio interno à própria obra e condição de possibilidade da sua tradução, também o conceito de *criticabilidade* [*Kritisierbarkeit*] é um princípio intrínseco à própria obra e que permite ao crítico operar uma dissolução da totalidade da obra para a analisar na sua estrutura. Os românticos - estamos a referir-nos ao Primeiro Romantismo - tiveram a preocupação de demonstrar que é a partir deste princípio que a obra é criticável.

Ao invés de Goethe que considerava, na sua teoria da arte, que esta era "comandada pela sua intuição do carácter não-criticável das obras", os românticos viram na criticabilidade a condição de acesso à verdade ou ao teor de verdade da obra. Para Benjamin, que adoptou dos românticos este princípio da criticabilidade da obra, ele é *paralelo* ao da traduzibilidade. É o que prepara a obra para a sua redenção, ao permitir a sua análise e a decomposição da totalidade da obra, do seu *Schein*. É o que salva a obra de arte, no sentido em que permite o acesso à ideia que se apresenta na obra e assim vislumbrar aquilo que a converte em objecto de saber. Trata-se, analogamente ao procedimento alegórico, de destruir a obra de arte, sim, mas não como um fito último, gesto que conhece em si mesmo o seu termo.

Em última análise, não é disso que ele nos pretende falar, quando refere as palavras aniquilação, morte ou destruição. Procura-se, antes, arrancar as coisas às suas correlações habituais (orgânicas) para as obrigar a penetrar, redimindo-as, numa *nova ordem ou num novo círculo*: o das significações. Essa é a pretensão que lhe subjaz, de forma a criar uma nova ordem, a de um saber durável ou, como o próprio autor o afirma, para criar uma "beleza durável". Arrancá-la à ordem do precário, do transitório, para a petrificar numa ordem do "durável", se assim o podemos afirmar. Só desta forma poderíamos entender a aniquilação, no gesto alegórico, preparando o teor de redenção nas coisas por ela aniquiladas.

4. O impacto do Primeiro Romantismo sobre Benjamin

Consequentemente, não podemos ignorar a força do impacto que o Primeiro romantismo teve na obra de Benjamin. Já em 1913 Benjamin havia redigido um esboço intitulado *Romantik* (publicado em 1913), onde proclamava que "a vontade romântica de beleza, a vontade romântica de verdade, a vontade romântica de acção" eram aquisições inultrapassáveis da cultura moderna[64]. Podemos reconhecer neste texto do jovem Benjamin uma profunda ligação à tradição romântica, matriz essencial a partir da qual ele elaborou a grande maioria das suas reflexões, durante o período da juventude. Aqui ele refere-se ao *ideal romântico* que marca a nova juventude[65], no espírito da comunidade procurada por Wynecken, de acordo com as ideias que guiaram o primeiro romantismo e, sobretudo, o tema da *sobriedade*, que se encontra muito presente em Hölderlin.

A correspondência de Benjamin, num período precoce da sua vida, é, além dos seus textos, a maior fonte – e a mais credível – da importância que o Primeiro Romantismo teve na sua obra, tanto ao nível dos conceitos, quanto ao próprio modo operatório, nos textos benjaminianos, nos aspectos respeitantes à questão da crítica e da tradução. Não apenas a sua obra *Der Begriff der Kunstkritik in der deutschen Romantik* (*O Conceito de Crítica de Arte no Romantismo Alemão*) revela a profundidade e o alcance do conhecimento benjaminiano sobre os grandes temas, conceitos e autores do Primeiro Romantismo, como também a sua correspondência com Scholem é reveladora, partilhando com este autor todos os passos que dá na sua investigação dos românticos, as leituras e os temas que o interessam.

Também o seu *Diálogo sobre a Religiosidade do Presente* (*Dialog über die Religiosität der Gegenwart*)[66] exprime o fascínio pelo romantismo, criticando a perspectiva progressista e dessacralizada, em nome da salvação dos valores éticos e morais da comunidade (*Gemeinschaft*). Neste texto, é a religiosidade que aparece como resposta adequada à sua época, marcada pela racionalização, pelo individualismo, pelo progresso e pela técnica.

Como Michael Löwy frisou, na sua obra *Révolte et Mélancolie*[67], o "retorno ao religioso" é uma tendência dos jovens desta época, no sentido de reafirmar uma transcendência e reintroduzir uma dimensão espiritual e absoluta em determinados valores que se encontram em crise. A religiosidade é, assim, um dos motivos fundamentais do debate, na época de Walter Benjamin, que se encontra no centro das discussões. Ao declínio da religião histórica, isto é, do cristianismo, os jovens intelectuais e pensadores respondem com o despertar do sentimento religioso subjectivo, que se afasta completamente das representações racionais da filosofia e da ciência. O texto de Benjamin, *Diálogo sobre a Religiosidade*, indica que a sua ideia de comunidade comunga inteiramente com estas novas tendências, que indiciam a agonia do racionalismo extremo e da perspectiva da história vista como progresso.

O alcance da importância de Schlegel e as consequências da sua maneira de pensar a crítica das obras, marcaram toda a sua geração, com os seus *Fragmentos, Características e críticas* e os ensaios da revista *Athenäum*. Nesses textos concentram-se os pressupostos gnoseológicos que definem e conformam a sua teoria crítica. Se a obra de Novalis também contribuiu para a configuração de uma nova visão da crítica das obras, todavia Benjamin não lhe reconhece uma importância tão determinante. Foi um outro "modelo" da "obra" que o Primeiro romantismo criou: o fragmento.

Na sua correspondência, sobretudo nas cartas que escreve a Scholem, a quem se confia e conta os seus projectos, Benjamin deixa bem à vista aquilo que o atrai no primeiro romantismo, enquanto alternativa viável ao estudo sobre Kant, o que vem corroborar o que já falámos anteriormente: "Devo, mais uma vez, deixar cair Kant (...) Eu oriento-me, antes de mais, pelo Primeiro Romantismo, Friedrich Schlegel, sobretudo, seguido de Novalis, August Wilhelm, Tieck, também, e mais tarde, se possível, Schleiermacher[68].

O que procura Benjamin nos textos de Schlegel e Novalis, para além dos conceitos fundamentais que exporá e desenvolverá na sua tese *O Conceito de Crítica de Arte no Romantismo* e por que razão deixou ele cair a leitura (e o seu interesse) por Kant?

> O ponto central do primeiro romantismo é a religião e história. A sua profundidade infinita e a sua beleza em comparação com todo o romantismo tardio é o de não terem sido invocados os factos religiosos e históricos para ligar intimamente estas duas esferas, mas eles tentaram produzir no seu próprio pensamento

e na sua própria vida a esfera superior onde ambas deveriam necessariamente coincidir[69].

Benjamin pressente já o que lhe interessa mais no primeiro romantismo, mas não o explicita aqui. Uma nova visão da história, uma visão messiânica que se oferece como alternativa a Kant. Tentemos perceber as principais razões que levam Benjamin a afastar-se do estudo de Kant, sobretudo da sua perspectiva da história.

Na correspondência com Scholem podemos confrontar-nos com o anúncio de Benjamin de que vai começar a estudar os textos de Kant sobre a filosofia da história. Vejamos o que ele escreve a Scholem, a 22 de Outubro de 1917: "Vou começar, este Inverno, a trabalhar sobre Kant e a história. Mas não sei se vou encontrar no Kant histórico o conteúdo essencial que me falta"[70].

Sabemos que a intenção de Benjamin, no início, era a de dedicar-se ao estudo de Kant, na realização do seu trabalho de doutoramento "A noção de «tarefa infinita» em Kant". E, numa carta posterior, de 23 de Dezembro de 1917, confessa o seu desânimo:

> No que respeita à filosofia da história de Kant, a leitura dos dois principais textos que tratam especificamente disso, ("ideia de uma história de um ponto de vista cosmopolita" – "ideia de uma paz perpétua") desiludiu as minhas esperanças mais vivas. Isto desagrada-me, sobretudo no que diz respeito aos meus projectos de tema para o doutoramento; não encontro nada nestes trabalhos de Kant que nos interesse em matéria de filosofia da história[71].

Na verdade, o que desagradava a Benjamin? Na verdade, o autor já procurava encontrar aí uma perspectiva messiânica da história, o objecto que lhe conviria ao tema para a sua *Habilitation* e que seria a ideia de uma "tarefa infinita" [*die unendliche Aufgabe*] em Kant. A ideia da "tarefa infinita" corresponde justamente à da tarefa messiânica[72] que ele procurava. As expectativas de Benjamin de encontrar uma perspectiva histórica de teor messiânico em Kant saem, no entanto, frustradas.

A realidade sobre a qual Kant pretendia fundamentar o conhecimento, é, na sua óptica, uma experiência de "categoria inferior", à qual Benjamin não reconhece a "dignidade" suficiente, e que é determinada pelo horizonte da sua época, a *Aufklärung*. Trata-se de uma visão determinada pela "cegueira relativamente à história e à religião" e que contamina a visão kantiana do conhecimento e da experiência. Há zonas da experiência e do conhecimento – nomeadamente da história e da religião – que não recebem uma justificação filosófica suficiente, justamente pela insistência do quadro de pensamento em que Kant a inseria, restringindo a experiência à física e à mecânica newtonianas. Já antecipamos, assim, algumas das teses que Benjamin desenvolverá posteriormente no texto *Sobre a Linguagem* e *O Programa da Filosofia Vindoura*.

Na carta que escreve a Scholem, datada de Junho de 1917, Benjamin já traçara claramente o seu objectivo, deixando cair a leitura de Kant e a sua ideia da dissertação sobre "A tarefa Infinita em Kant". Os detalhes minuciosos dessa carta são preciosos porque nos indicam dois aspectos; por um lado, ela indicia a nova direcção do interesse e do trabalho do jovem Benjamin, por outro, permite desvendar os motivos pelos quais Kant já não o interessava, apesar de leituras entusiásticas de Kant. A persistência benjaminiana em perseguir o rasto de um pensamento religioso e messiânico, em tentar definir uma *tarefa messiânica* que se imponha como uma das ideias fundamentais do seu pensamento.

Quando Benjamin afirma que "O ponto central do Primeiro Romantismo é a religião e a história" (*Das Zentrum der Frühromantik ist: Religion und Geschichte*)[73], compreendemos claramente que o que o que lhe interessa é essa íntima relação entre os dois campos, o que abre o espaço para uma nova compreensão da história, insuflada pela força da religião, tal como o havia defendido Schlegel, nos seus textos.

A ideia schlegeliana de uma relação do homem com o infinito e com o seu próprio destino histórico é definida a partir do sentimento religioso (ideia 81): "Toda a relação do homem com o infinito é religião, quero dizer toda a relação do homem, na plenitude inteira da sua humanidade. Quando o matemático calcula o infinitamente grande, isto não é certamente a religião. Pensado nesta plenitude, o infinito é a divindade."[74]. Ao mesmo tempo, Schlegel define essa relação do homem com o infinito como a sua própria plenitude e liberdade. Não é ao homem, enquanto indivíduo, que cabe essa tarefa de religação, mas sim ao indivíduo tomado como humanidade, pois o homem só é "humano" quando penetrado dessa humanidade (ideia 65).

Esta ideia remete-nos inequivocamente para a ideia de uma "tarefa" a cumprir, insuflada pelo espírito religioso do homem. Mas é através da cultura e da história que essa tarefa conhece o seu acabamento. Podemos, assim, afirmar que essas ideias estão mais presentes nos primeiros textos de Benjamin, reflectindo a sua adesão ao ideal da comunidade e a necessidade sentida por Benjamin em procurar na religiosidade um fundamento para as suas reflexões[75], como igualmente contribuíram de forma decisiva para a redacção do seu texto *Sobre o Conceito de Crítica de Arte no Romantismo.*

Para encontrar um ponto, ou melhor, uma intersecção, onde coincidissem os dois campos, abrindo uma "esfera superior"[76] na própria experiência que fosse capaz de ultrapassar a perspectiva progressista e factual da história. Benjamin refere-se a uma "atmosfera" e não à religião propriamente dita. Uma "atmosfera" que religasse a experiência e a história. É preciso redescobrir na religião o elemento vivificante, que pudesse salvar, não apenas a história, como essencialmente a tradição, porque, na óptica de Benjamin, "o Romantismo é seguramente o último movimento que, uma vez mais, salva no presente a tradição."[77].

A ideia de uma actualização da tradição é a base essencial da *Bildung,* constituindo-se, na minha opinião, como o fundamento desta convicção. Há uma carta que Benjamin dirige a Scholem - datada de 6 de Setembro de 1917 - onde reflecte sobre a diferença entre educação e instrução, criticando a sua separação, na sua época: "A separação entre educação e instrução é o sintoma da total confusão que reina hoje em todas as escolas"[78]. A convicção benjaminiana de "que a tradição é o elemento na qual, de *forma contínua,* aquele que estuda se transforma naquele que ensina", contribuindo para uma transmissão e reactualização da tradição, é o mais importante aspecto a reter, bem como a sua metáfora que compara o ensino com "um mar agitado, mas para a vaga (se a tomarmos como a imagem do homem) só há uma coisa a fazer, abandonar-se ao movimento para crescer até formar uma crista e tombar em espuma" é bem o exemplo da instrução e da prodigiosa liberdade do recair. Esta liberdade do recair diz respeito ao desenvolvimento e à formação do indivíduo, mas tem também um alcance imenso, se a aplicarmos à reflexão benjaminiana da tradição.

Se a tradição sobrevive na transmissibilidade e na passagem de geração em geração, então, o clímax da experiência humana condensa-se nesse "crescer até formar uma crista", para "morrer" na espuma, num movimento incansável e de perpétuo retorno. Na tradição autêntica, o que aprende, o que estuda, é o que se transforma internamente naquele que ensina, num movimento natural e intrínseco, de *forma contínua*, que obedece ao movimento da própria tradição. Por isso, Benjamin diz que "só há uma coisa a fazer, abandonar-se ao movimento". Nesta metáfora, a tradição é inesgotável e o que se dedica a ela deve esquecer-se de si próprio, como a vaga faz parte de um mar imenso, participando de um destino que é comum. Na tradição não é possível pensar num sujeito (em Benjamin é um vocábulo não utilizado propositadamente), mas podemos pensar o espírito, algo de que fazemos parte, como as vagas do oceano imenso.

Nessa mesma carta, Benjamin fala de um "devir visível" do espírito da tradição, bem como de um "devir livre" da tradição, pelo excesso de vida e inesgotabilidade daquela. A educação converte-se na transmissão da tradição, num sentido em que aquele que estuda é um "sucessor nascendo do espírito de Deus, surgindo como as vagas do movimento do espírito." A ideia de uma responsabilidade (do homem, de cada um de nós) pela tarefa da transmissão, da tradição, percorre as palavras de Benjamin.

Para Benjamin, que procurava um fundamento messiânico em Kant e tentava encontrar um "suporte" para desenvolver as suas ideias, Kant não lhe forneceu a matriz ou a base de que ele necessitava, ainda que reconheça nele a importância dos seus conceitos para a história do pensamento posterior, para a reflexão sobre o conhecimento e a função da experiência e ainda que tenha visto em Kant, como definiu, "um umbral da grande prosa de arte"[79]. Ele procura, a partir da consideração do pensamento de Kant, compreender os conceitos essenciais do romantismo, como se pode verificar: "Num sentido que é preciso expor em toda a sua profundidade, o Romantismo procura realizar com a religião o que Kant fez para os objectos teóricos: *mostrar a sua forma.*" Se, na Crítica da Razão Pura, nomeadamente na Estética Transcendental, Kant havia definido as estruturas transcendentais do sujeito enquanto condições de possibilidade do conhecimento científico, isto é, o espaço e o tempo, todavia havia outras áreas do conhecimento que não eram claramente justificadas e Benjamin refere-se sobretudo ao conhecimento que ultrapassa a esfera da física e da matemática, isto é, do campo da ciência. O que poderia justificar a metafísica, por exemplo?

É neste sentido que Benjamin questiona se essa forma existe: "Mas há uma *forma* da religião? De todas as formas, o Primeiro Romantismo via na história qualquer coisa que se lhe assemelhava."[80]. Quando

Benjamin afirma, logo no início do seu texto *A Vida dos Estudantes,* "que a tarefa histórica é de dar forma absoluta, em toda a pureza, ao estado imanente de perfeição, de a tornar visível e de a fazer triunfar no presente"[81], parece-nos ser esse o sentido de "mostrar a *forma* da religião", isto é, mostrando-a no campo da história, no seu estado de perfeição, isto é, na forma da perspectiva histórica messiânica e metafísica tornada imanente à história. Nesse sentido, a história messiânica corresponde ao surgimento de um estado superior e metafísico que assim se apresenta e se configura, se dá a ver, isto é, se apresenta no "palco da história".

Numa carta dirigida a Ernst Schoen, a 8 de Novembro de 1918, Benjamin afirma, também, que o seu trabalho "trata do conceito romântico de crítica"[82], esclarecendo-lhe que o conceito moderno de crítica tem no romantismo a sua base. Lembremos que Benjamin havia abandonado a sua ideia inicial de se dedicar ao estudo de Kant, tendo inflectido na direcção dos autores do primeiro romantismo. As investigações sobre a natureza essencial da perspectiva da história kantiana dão lugar às investigações sobre o romantismo, mas o motivo não é clarificado senão a 7 de Abril de 1919, na carta a Ernst Schoen, em que expõe a sua verdadeira justificação para estudar o messianismo. O trabalho que leva a cabo, o estudo e a investigação dos conceitos fundamentais do primeiro romantismo, permitem-lhe contornar o problema que lhe interessa verdadeiramente: "abordar o messianismo, coração do romantismo":

> Pus um ponto final, há alguns dias, no esboço da minha tese. Ei--la transformada naquilo que ela devia ser: uma abertura sobre a verdadeira natureza do romantismo menosprezada por todo o lado na literatura, mas esta indicação não é senão indirecta; com efeito, eu não podia abordar o messianismo, coração do romantismo – não tratei senão da concepção da arte – nem nada mais que se me apresenta, ao mais elevado grau, sem me interditar a possibilidade da atitude científica reclamada, complexa, convencional, distinta, a meus olhos, do autêntico[83].

Porém, a exigência crítica e o rigor das regras impostas ao trabalho académico não lhe permitem abordar tal aspecto, como ele confessa a Schoen. A sua dissertação permite-lhe, assim, ainda que não abordando explicitamente os aspectos do messianismo na concepção da história, tocar aquilo que Benjamin chama a "essência histórica" do messianismo. Procurando abordar um tema que seja mais aceitável do ponto de vista académico, mais convencional, vira-se para a análise da concepção da arte. Porém, não esconde a Schoen a razão por que não abordou o tema do messianismo, precisamente por exceder o carácter convencional dos estudos académicos e das regras da instituição. Como diz Lacoue-Labarthe, "(...) mística e requisitos «científicos» (universitários) não são compatíveis"[84].

IV
A crítica de Benjamin à visão da história como progresso

1. Tempo vazio e "tempo cheio"

A crítica do *historisher Sinn*, que Benjamin identifica nos textos de Nietzsche[85], da mesma forma que a aparece a crítica à pobreza cultural (Benjamin, *Gesammelte Schriften* II, 1974, p. 44) e ao conceito de experiência do homem moderno, tem a sua origem num ideal romântico da cultura e faz-se acompanhar de uma metafísica do génio e da arte, da criação. O autêntico romantismo – o romantismo sóbrio – de Benjamin está muito mais próximo da visão nietzschiana e da sua crítica à cultura histórica do século XIX, mobilizando a figura de Zaratustra e do *Übermensch* contra os filisteus da cultura[86].

Na filosofia da história delineada pelo jovem Benjamin, o que define e estrutura o horizonte de sentido não são as épocas nem as finalidades da concepção historicista, mas sim o desenvolvimento "cultural-espiritual" da humanidade[87], que tenta superar o relativismo e a crise dos valores. É, sobretudo, como já foi visto, no seu texto *A Vida dos Estudantes* que melhor se reflecte a sua própria experiência enquanto jovem estudante e intelectual integrado no seio das novas correntes pedagógicas e educativas e onde melhor se acede à sua perspectiva da história – tomando, a primeira fase da sua obra e das linhas de pensamento que o orientavam, desde a presença do pensamento kantiano (e neo-kantiano), de Nietzsche, dos primeiros românticos e de Wynecken.

Como vimos anteriormente, já na carta que Benjamin escreve a Carla Seligson, datada de 15 de Setembro de 1913[88], se anunciam os motivos que antecipam a filosofia da última fase de Benjamin, isto é, uma *visão messiânica* da história, que se opõe ao historicismo e, ainda, a crítica ao *historischer Sinn*. Nessa carta, a sua perspectiva da história apresenta-se à luz da relação do homem com a comunidade e com a moralidade. Estabelecendo uma relação dessa carta com o texto *A vida dos Estudantes,* podemos compreender melhor como Benjamin já antecipava claramente essa visão messiânica de que fala. Na verdade, Benjamin representa já o "progresso" como uma forma da temporalidade mecânica e vazia, incoerente[89]. Nesse sentido, Benjamin coloca-se no coração da problemática da história pós-hegeliana, do mesmo modo que Rosenzweig[90] o havia feito e também Bloch e Scholem, posteriormente. À ideia de uma visão optimista da história que pode ser concebida como uma marcha permanente em direcção ao progresso, opõe-se uma perspectiva descontinuista da história, ritmada pela cesura e pela interrupção, que vêm conferir um sentido novo à história e à própria temporalidade. Já não é de um tempo homogéneo que se fala, então, vazio, mas sim de uma outra concepção de tempo, qualitativa e cheia.

Cada um destes autores, no ponto de vista de Mosès, opõe uma modalidade diferente, mas sempre insistindo na descontinuidade da história e sem a homogeneidade que lhe era conferida por aquela visão, na medida em que já não era possível a indiferença face às grandes mudanças ocorridas no século XX. Se a Primeira Guerra Mundial foi o traumatismo original que deu origem a uma série de transformações, a mais directa e nefasta consequência é a perda de uma ideia de civilização fundada sobre a crença, isto é, um *Logos* capaz de instaurar a ordem, num mundo regulado pela razão[91]. Por outro lado, também a perda e o desabamento de um mundo regulado pela transmissão da tradição e da memória colectiva, de geração em geração, arruinado pela guerra, põe em causa um modelo antigo que havia garantido sentido à experiência humana.

A perda da experiência é um tema fundamental na obra de Benjamin, uma constatação que teve as maiores consequências no seu pensamento. Se Benjamin já aborda o tema num dos textos que publicou em 1913, na revista *Der Anfang*[92], há-de retornar a ele amiúde, como um tema inesgotável. Se reaparece explicitamente em *Experiência e Pobreza* [*Erfahrung und Armut*], no ensaio *O Narrador* [*Der Erzahler*] como a consequência mais devastadora da perda da tradição e da narração, ela está presente em toda a sua obra, desde os textos sobre a linguagem – o que é a linguagem instrumental senão uma consequência notória da perda da experiência mais autêntica da linguagem? – ao texto *Sobre o Programa da Filosofia Vindoura* (onde procura reinstaurar um novo conceito de experiência mais digna), aos textos sobre Baudelaire e sobre a perda da aura, sobre a experiência do choque (a mais devastadora experiência da modernidade, na época do capitalismo) e, ainda, n'*O Livro das Passagens*. Sob várias formas, o problema não se esgota, em toda a sua obra, e os textos que se debruçam sobre ele são igualmente inesgotáveis. Nos antípodas desta visão redutora e científica, encontra-se a experiência autêntica, aquela que podia ser transmitida, de geração em geração, constituindo a verdadeira tradição, e narrada. O tempo da tradição, como diz Benjamin, em *O Narrador*, era o tempo da transmissão oral, da narração de histórias, em que o homem sentia pertencer a uma comunidade. A perda dessa pertença corresponde ao desagregar da experiência.

2. Da perda da experiência à «falsificação da realidade histórica»

De acordo com Mosès, tanto Rosenzweig, quanto Benjamin e Scholem identificaram na ideologia do progresso o modelo de "falsificação da realidade", decorrente de uma perda da tradição, que excluía "da memória colectiva todas as falhas, as regressões, todos os fracassos que pontuavam o desenrolar da história"[93], pois mesmo a própria versão hegeliana - que era, a seus olhos, a mais rica - da filosofia do progresso elogia o "triunfo do positivo".

É a guerra, vivida como acontecimento radical, que denuncia o absurdo de toda a teodiceia imanente à história, se ela for tomada como a história dos vencedores, obrigando o pensamento a confrontar-se com a perda de sentido de uma visão cumulativa e quantitativa da história, no sentido de uma perfeição final. A fissura do tempo catastrófico - o tempo homogéneo e contínuo - irrompe e dá-nos a ver a falsa continuidade do progresso, a falsa continuidade da razão histórica, a falsa totalidade. Doravante, só a experiência do imprevisível acontecimento histórico é tomada como certeza, o que antes se apresentava em triunfo histórico aparece como fracasso e esperança perdida num optimismo histórico intrínseco à visão progressista da história. Mais do que apenas reflexão teórica, Benjamin sentiu na própria pele o desabar da crença no progresso e a falência desse paradigma.

Apesar do pessimismo crescente na sua época, como o reconhece Mosès, o fim da crença numa história vista como progresso não conduziu à perda da ideia de esperança na história. Aquilo que se impõe, como o tinha compreendido também Rosenzweig, é a mudança de uma visão da história em alternativa e é precisamente nas ruínas do paradigma da Razão histórica, que a esperança se anima e conquista um novo fôlego. É nas cinzas do progresso que a chama da esperança messiânica[94] da história se ergue. A "utopia messiânica", como afirma Mosès:

> (...) que não pode mais ser pensada como a crença transcendente no acontecimento necessário do Ideal no termo mítico da história, ressurge – através da categoria de *Redenção* – como a modalidade do seu acontecimento *possível* a cada instante de tempo. No modelo de um tempo aleatório, aberto a todo o momento à erupção imprevisível do novo, a realização iminente do ideal torna-se pensável, como uma das possibilidades oferecidas pela insondável complexidade dos processos históricos[95].

Esta nova concepção da história era irredutível ao modelo teleológico da história, que era a sua característica essencial na época. É precisamente no quadro desta crise da civilização ocidental e da concepção da história como progresso que se pode compreender o gesto de advertência de Benjamin. A esperança messiânica judaica nada tem a ver com as etapas de uma finalidade histórica, mas, ao invés, aloja-se nas fissuras da história, onde ela se deixa ver na sua fragilidade, na sua descontinuidade, lutando por salvar no presente o que foi o passado. Em Benjamin, como se há-de ver, são as "imagens dialécticas" que tentam levar a cabo esse resgate do passado e da história, no tempo do presente, tal como o mostrará o *Livro das Passagens*.

Embora se procure estabelecer aqui um fio condutor que possa interligar os textos benjaminianos desde o decisivo *A Vida dos Estudantes* (1915) até às teses de *Sobre o Conceito de História* – redigido em 1940, mas publicado apenas postumamente e graças à corajosa insistência de Hannah Arendt, de acordo com Arno Münster –, o contexto no qual se inserem os textos é diferente. Entre 1915 e 1940, Benjamin alterou significativamente os seus conceitos, reconfigurando-os, cedeu às grandes forças intelectuais da sua época que o influenciaram inegavelmente.

De acordo com Tamara Tagliacozzo, nos primeiros textos Benjamin bebe no messianismo do filósofo neo-kantiano Hermann Cohen, para quem este se constitui como "tarefa infinita" da história, perspectiva na qual a "justiça é igual à santidade, isto é, à realização da moralidade, que é um atributo do messias"[96]. ideia metafísica, moral e ideal que se projecta na dimensão do futuro da história – não numa vida supraterrestre – apresenta-se, assim, como uma promessa que alimenta a esperança na existência individual humana.

Uma promessa, como veremos posteriormente na tese XVIIa[97], de carácter eminentemente político, constituindo-se como "acção política revolucionária e destrutiva". Essa era a razão, precisamente, pela qual todo o futuro ganhava o seu sentido, pois era a imagem redentora do "destino revolucionária" que conferia ao tempo a sua plenitude, como tempo cheio, messiânico. Nunca homogéneo e contínuo, à maneira da visão historicista do progresso. Este tempo de que Benjamin nos fala é outro, inteiramente diferente e que é vivido como rememoração:

> Certamente, os adivinhos que o interrogavam para saber o tempo para saber o que se escondia no seu seio, não faziam a experiência de um tempo homogéneo nem vazio. Quem tem em mente esse facto, poderá talvez conceber de que maneira, na rememoração, o tempo foi objecto de experiência: da maneira que se disse. Sabe-se que era proibido aos judeus investigar o futuro. A Torah e a prece ensinavam, pelo contrário, a rememoração. Para eles, a rememoração desencantava o futuro, ao qual sucumbiam aqueles que procuravam instrução nos adivinhos. Mas, para os judeus, o futuro nunca se transformou num tempo homogéneo e vazio. Pois, nele, cada segundo era a porta estreita pela qual podia entrar o Messias[98].

Se, como diz Walter Benjamin na tese XVIII B, a rememoração era o que conferia o sentido à história e ao passado, é a imagem "revolucionária" do "Messias que há-de-vir" que garante também a plenitude ao futuro, convertendo-o em promessa e *algo que pode ser alcançado*. O tempo nunca aparece à luz da concepção benjaminiana (e também do judaísmo), como homogéneo e vazio, mas sempre pleno: ora como *rememoração* (em relação ao passado e actualizando-o) ora como *promessa* (relativamente ao futuro).

Se a rememoração resgata o passado, como veremos na análise dos textos de Benjamin, como reactualizando a tradição, essa reactualização é sempre sacralizada, descontínua e nunca aparece a temporalidade na sua forma vazia e homogénea. A concepção do tempo messiânico opõe-se à concepção físico-matemática, ao tempo infinito que é precisamente o fundamento da ideia da história como progresso. A distinção entre a visão histórica, do ponto de vista do progresso e do ponto de vista judaico-messiânico, decorre certamente da própria concepção da temporalidade que lhes é intrínseca[99].

A simultânea presença, no pensamento de Benjamin, de uma "desconstrução" da história do ponto de vista do progresso, paralelamente à construção de uma nova perspectiva, onde o tempo aparece como "tempo cheio" é algo que se desenha claramente, também, no texto *A Metafísica da Juventude* [*Metaphysic der Jugend*][100]. Este texto, composto no final de 1913 e início de 1914, contém como elementos essenciais uma concepção do tempo messiânica e o esboço de uma concepção da linguagem que se desenvolverá mais tarde, em *Sobre a Linguagem.* É neste último texto que a concepção messiânica da linguagem alcança a sua maturidade. O conceito de tempo messiânico é a base do texto "O Diário" [*Das Tagebuch*][101]. Aí, Benjamin refere-se à dimensão espiritual da tradição, remetendo para a possibilidade messiânica da redenção. É o silêncio e a linguagem - como essencial e não comunicativa - que se constituem como o património deste tempo messiânico. Este tempo é o tempo "juvenil, imortal", que Benjamin contrapõe ao tempo mecânico e irreversível. É no horizonte de uma atemporalidade [*Zeitlosigkeit*], que confina com a "imortalidade do pensamento e da acção" que se pode conceber a redenção messiânica, irrompendo no profano, como catástrofe destrutiva. A atemporalidade, no meu entender, diz respeito à experiência da interrupção da própria temporalidade, suspensão que se opera a partir do seu interior. Tal significa dizer que é a interrupção messiânica que estilhaça a continuidade temporal, instaurando uma ordem diferente e que prepara "a imortalidade do pensamento e da acção" numa ordem durável. Este aspecto encontra-se muito claro nos textos onde a interrupção messiânica instaura uma ordem temporal que já nada tem a ver com a temporalidade profana.

O "Eu" (Ibidem) que escreve no diário fala do tempo "imortal", o tempo da grandeza, o tempo completo do silêncio, da linguagem, o tempo religioso do "crente"[102], que escreve nos intervalos [*Abständen*]. Nesses intervalos, o tempo recolhe-se como o tempo puro e cheio, messiânico: "Mas, por último, pelo nascimento do tempo imortal, o tempo não acontece mais. Acontece o intemporal, todas as coisas se recolhem nele, são prisioneiras dele. O Omnipotente vive no intervalo, no intervalo (no silêncio do diário) acontece ao Eu o seu tempo próprio, o tempo puro.". Em *Der Ball* (*o Baile*), a última parte deste texto poético e inspirado, o tempo de que fala o autor é "o tempo nascendo na muda melodia dos intervalos"[103] e é através desta melodia que se abre o espaço redentor, o espaço da dança dos corpos castos[104] - simbolizando a pureza da ideia moral. Benjamin evoca aqui a imagem nietszchiana do funâmbulo de Zaratustra[105], do homem que "caminhasse sobre uma corda esticada ao alto, através da noite". Só na música do tempo cheio - entenda-se, messiânico - a noite se ilumina e irradia, superando o tempo. Da noite surge, assim, o dia redentor, mediante a música da promessa redentora, a promessa da justiça e do acabamento da história.

Vimos até aqui como os primeiros textos benjaminianos conformam já um projecto messiânico. Trata-se de uma ideia que se vai configurando e desenvolvendo nos textos do jovem pensador e ela atinge a sua maturidade plena nos textos mais tardios, como se verá (alguns desses textos foram já aqui citados na relação com os textos mais precoces, para mostrar o fio condutor do pensamento do autor). Visionário, o jovem Benjamin esteve sempre na dianteira da sua época, diagnosticando o mal-estar generalizado que crescia lentamente e se insinuava no coração de uma Europa atingida pela catástrofe. Ela dizia respeito, não apenas à face mais visível da guerra, mas igualmente à ameaça (que vinha a desenvolver-se desde meados do século XIX) da perda de experiência [*Erfahrung*], no seu sentido mais autêntico.

É a essa ameaça do desaparecimento da tradição (e da transmissão da tradição), acarretada pelas grandes mudanças da sua época, que o pensador lúcido tenta contrapor novos modelos (retomando os autores do Primeiro Romantismo, a saber Friedrich Schlegel e Novalis) de compreensão do conhecimento da realidade histórica. Avesso à lamentação e empenhado numa perspectiva crítica do conhecimento, um racionalista feroz, mas não cego, Benjamin luta por resgatar a experiência e conferir-lhe um novo sentido, recorrendo a uma outra configuração do pensamento. Nesse sentido, Benjamin vai mais "longe" que outros pensadores judaicos, pois, ainda que consciente da sua herança cultural, não cede ao facilitismo da teologia ou da mística[106], que impregnam o pensamento judaico.

Veja-se o esforço que ele realiza, mantendo à distância as soluções teológicas que atraíram Scholem e Rosenzweig. É no esforço constante, no solo do racionalismo crítico (que tão firmemente bebeu, em Platão e Kant) que Benjamin desenvolve o seu pensamento. Podemos falar, em Benjamin, de um pensamento solitário e irredutível a qualquer corrente, podemos falar de um pensamento puro e radical, ético e fiel apenas a si mesmo. Neste sentido, também, podemos falar de um pensamento único, verdadeiramente revolucionário e animado pela chama da utopia messiânica. Mas esta utopia messiânica, sob a forma das "imagens utópicas", não é uma abstracção vaga, mas sim algo que confere o seu sentido prático e concreto, um sentido verdadeiramente político. Não é a imagem teológica de um Messias Redentor, aquele por quem o povo judeu espera passivamente, na esperança da salvação, mas da possibilidade real e imanente da fundação de um estado de perfeição entre os homens, no palco da história, onde a justiça desfere a sua sentença final.

Não é de uma atitude especulativa e teórica que tenha por função reanimar a esperança no coração do povo judeu, de que falamos aqui, como na teologia hebraica, mas sim de um projecto onde o messianismo aparece como força concreta, revolucionária e destrutiva - e esse é um dos aspectos essenciais do messianismo, na sua vertente, por um lado, apocalíptica e, por outro, redentora –, interrompendo o curso da história e resgatando-a, através das imagens de redenção .

Se, como diz nos Benjamin na sua bela fórmula nas *Afinidades Electivas de Goethe*, "Apenas para os desesperados nos foi dada a esperança"[107], não é, no entanto, esta esperança (passiva) de que ele nos fala. O que ele tem em mente é um verdadeiro projecto político e revolucionário, em que cada geração é responsável pela "parcela messiânica" que lhe é transmitida pelas gerações precedentes. Nesse sentido, cabe a cada geração perpetuar essa herança da tradição e transmiti-la, lutando por resgatar o passado do seu esquecimento, criando o espaço "onde pode dançar", ao som da melodia do tempo messiânico. O espaço da dança, crivado de perigos e de ameaças, solitário (e não é por acaso que Benjamin evoca a imagem do funâmbulo de Nietszche, que é atirado para a morte pelo palhaço, a figura da contingência) é o espaço da perfeição e do ideal (que ele ainda evoca romanticamente na *Metafísica da Juventude*), o lugar ou o *topos* da revolução e da restituição da justiça. O *topos*, também, da história tomada como um processo activo e eminentemente restaurador.

3. As imagens "utópicas"[108] e a sua natureza: do reino messiânico à revolução

É no coração desta articulação entre messianismo e revolução que situamos a plataforma da perspectiva histórica de Benjamin, que o autor contrapõe à "informe tendência progressista". São estes, também, os temas do debate que ele perseguirá ao longo de toda a sua vida. Mas qual a relação existente as "duas imagens utópicas", o reino messiânico e a revolução? Na minha opinião, existe um texto que procura responder a essa relação e que é o breve *Fragmento Teológico-Político* [*Theologisch-politisches Fragment*].

De acordo com Tiedemann e com Gérard Raulet, a génese deste texto terá tido lugar em 1920. Visivelmente marcado pela leitura de *Geist der Utopie* de Ernst Bloch (1918), Benjamin redige *o Fragmento Teológico-Político,* imerso no fervilhamento cultural e político da sua época. A outra leitura fundamental na qual podemos entender o contexto do texto de Benjamin é, sem dúvida, o *Tratado Teológico-Político* de Espinoza. Em ambos, o fragmento e o texto de Espinoza, existe uma recusa da teocracia, sendo a reflexão de Espinoza verdadeiramente notável no contexto da sua época, por reconhecer a liberdade humana como um valor inalienável. Como linha de força essencial, Baruch Espinoza repensa a relação entre autoridade civil e autoridade eclesiástica e concede a primazia à liberdade individual, numa clara recusa da teocracia. Por outro lado, a obra de Bloch vai descrever a renovação espiritual da jovem geração judaica e ele próprio invoca a tradição spinozista e a sua síntese do pensamento cabalista e das matemáticas e da filosofia da natureza.

Neste contexto preciso, podemos dizer que o *Fragmento Teológico-Político* se articula de acordo com passagens ou etapas perfeitamente lógicas. A primeira etapa distingue radicalmente entre a temporalidade do evento histórico e a do evento messiânico. O evento histórico caracteriza-se pela tensão e espera, pela sua relação ao messiânico [*Beziehung auf das Messianiche*][109]. Desta forma, ela constitui-se em "teleologia" pela relação que estabelece com o acontecimento messiânico que espera. No segundo parágrafo, Benjamin diz: "A relação desta ordem com o messiânico é um dos ensinamentos essenciais da filosofia da história", isto é, é desta relação que nascem as teleologias e teodiceias. Mas este *telos* é uma falsa consciência - Benjamin vai mais longe, dizendo que essa é uma compreensão mística da história. Porque se o Messias pode pôr fim à espera, então a sua vinda significará uma mudança na ordem da temporalidade que "varrerá" o tempo histórico, ao mesmo tempo que o cumpre. Existe uma completa incompatibilidade entre as duas temporalidades e a pretensão de nos referirmos à vinda do Messias em termos históricos é o maior dos equívocos, na óptica de Benjamin. É por esta razão que "o reino de Deus não é o *telos* da dinâmica histórica; ele não pode ser posto como objectivo. Considerado do ponto de vista histórico, ele não é objectivo [*Ziel*], mas termo [*Ende*]".

Se o Messias põe fim à história, então ele não pode ser um objectivo e, pela mesma razão, não poderia jamais fundar a ordem profana. É neste sentido que a teologia não poderia fundar a política. E a ordem profana não pode (ou não deve) ser teocrática, por carecer de legitimação. A teocracia profana constitui, na opinião de Benjamin, uma forma equívoca e é por isso, precisamente, que ele se vai esforçar por definir a maneira particular como a ordem profana se pode relacionar com a ordem messiânica.

Como Benjamin afirma, no início do segundo parágrafo, a espera messiânica toma na ordem profana a forma da procura da felicidade: "A ordem do profano deve edificar-se sobre a ordem da felicidade. A relação dessa ordem com o elemento messiânico é um dos ensinamentos essenciais da filosofia da história". Tal significa que a dimensão da espera messiânica é fundamental e constitui o ponto fulcral para o qual se orienta a filosofia da história. Mas, como reconhece também, esta é "uma concepção mística da história" e não isenta de problematicidade. Pois, se as duas temporalidades, histórica e messiânica, são radicalmente incompatíveis, isso coloca-nos uma dificuldade. Se a primeira, a temporalidade histórica, visa um objectivo, um *telos*, ela é *linear e horizontal* - regendo-se pela continuidade - enquanto a outra é *vertical*.

> Se se representa por uma flecha o alvo para o qual se exerce a dynamis do profano, por uma outra flecha a direção da intensidade messiânica, seguramente a busca da felicidade da livre humanidade tende a desviar-se dessa orientação messiânica[110].

A primeira é uma *dinâmica*, enquanto a segunda é uma *intensidade*. As forças são completamente divergentes, pois a direcção é totalmente diferente. Se a temporalidade da história se define de forma horizontal, a intensidade messiânica é uma força vertical. Todavia, é possível ver o problema desta maneira, como explica Gérard Raulet. "Da mesma maneira que uma força, pela sua direcção, pode contribuir para uma força orientada no sentido contrário, também a ordem profana da realidade profana pode favorecer o advento do reino messiânico"[111].

Na óptica de Raulet, tal como Espinoza, Benjamin pretende "racionalizar" a teleologia. Isto é, antes de mais, não esqueçamos que Benjamin é um racionalista e procura, precisamente, encontrar um sentido da história numa concepção diferente da ideologia do progresso. Alheio às concepções místicas da história, não vê senão a possibilidade de racionalizar o que lhe aparece como contradição, como a melhor forma de ultrapassar aquilo em que ele considera que Kant falhou. É em Espinoza que Benjamin vê a melhor forma de "racionalizar a teleologia kantiana". E ela consiste essencialmente em "pôr fim, sob certas condições, à incompatibilidade das duas ordens, a ordem profana e a ordem messiânica, e em estabelecer entre elas uma sinergia ou uma dialética."[112]. A questão permanece: como conciliar o que na sua natureza é inconciliável? Se a natureza da perspectiva profana se orienta para a procura da felicidade, "a intensidade messiânica do coração, de cada indivíduo no seu ser interior, adquire-se através da infelicidade, no sentido do sofrimento"[113], isto é, numa orientação totalmente inversa. Para Benjamin, só esta intensidade messiânica possibilita a *restitutio in integrum,* como um movimento espiritual que conduz à imortalidade.

Desta forma, a aniquilação e a destruição da ordem profana constituem uma exigência, pois a única forma de a felicidade profana aceder ao eixo messiânico é aniquilando-se, abolindo o eixo profano: "Porque, na felicidade, tudo o que é terrestre aspira à sua aniquilação, mas é somente na felicidade que esta aniquilação lhe é prometida"[114]. O que se encontra prometido na ordem profana (e à luz do pensamento benjaminiano-messiânico) é a redenção, a reparação ou a restituição. Porque só pela aniquilação da natureza e da ordem profana, aniquilação apocalíptica, pode surgir a "vida autêntica da história", que nada deve à organicidade, mas que, pelo contrário, deve anular essa organicidade para entrar numa ordem outra, durável e onde se encontra prometida a redenção. Ou seja, a ordem profana não pode atingir o seu objectivo (*telos*) sem lhe pôr um fim (*Ende*). Assim, dizer felicidade e abolição da ordem profana significa falar do mesmo, ainda que aparentemente se contradigam[115].

Do mesmo modo que existem duas ordens, isto é, a ordem messiânica e a ordem profana, existem também duas formas de *restitutio in integrum* (*apokatastasis*). E, para Benjamin, a *restitutio in integrum* profana não pode tomar outra forma senão o desaparecimento (*Untergang*), pois a felicidade apenas se cumpre nesse desaparecimento. Ela é a forma particular pela qual a ordem profana acede à eternidade (*Ewigkeit eines Untergangs*)[116]. Portanto, o que é abolido, assim, na eternidade, é a totalidade espacial e temporal do mundo.

A aniquilação refere-se à interrupção do fluxo contínuo e à dissipação da ordem linear do tempo. É pela abolição e destruição do fluxo contínuo, que rasga o tecido da temporalidade da história - a temporalidade profana, também - que se instaura uma nova realidade *evanescente*. A *dinâmica* transforma-se, através do aniquilamento, em *ritmo*; ritmo de um eterna dissolução na eternidade. Eterno, no sentido em que a ordem profana não deixará de tentar abolir-se a si própria, para aceder ao que procura: a eternidade. Assim, a substituição do termo de *dinâmica* pelo de *ritmo* constitui uma mediação, que faz passar da ordem profana à intensidade messiânica.

Se não há nada de menos messiânico que a própria natureza, que, segundo o *Genesis*, é o que ela é, pode-se falar da conversão desta natureza dinâmica em ritmo, pela sua abolição ou aniquilamento. Isto é, ela deve abolir-se eternamente para "dar lugar" ao messiânico. E este aniquilamento da natureza deve ser total, pois não é possível uma meia-medida entre as duas ordens, elas são incompatíveis. Este carácter destrutivo, de abolição da natureza, também se encontra na sua obra *Origem*, que Benjamin redigirá um pouco mais tarde (1924-1926) e referindo-se sempre à história. No capítulo "O Saber como Emblema" da obra *Origem*, quando Benjamin se refere à alegoria como método operatório de constituição do saber, fala de uma "libertação" que ocorre "quando o profano se dissolve no sagrado" e é precisamente esta libertação "de uma teologia da história e de forma dinâmica, e não estática e no sentido de uma economia da salvação"[117]. Esta abolição eterna põe fim ao eterno retorno do mesmo que é o ciclo infernal da história natural (*Naturgeschichte*), impede que ela reproduza *ad infinitum* as suas figuras.

Porém, o que nos parece mais importante ressaltar é que este carácter destrutivo do messianismo tem uma conotação prática, no sentido em que visa a abolição da *Naturgeschichte* para que a própria natureza se torne messiânica. Trata-se um "programa político" que nada tem de puramente contemplativo ou puramente espiritual, mas sobretudo um apelo a um *messianismo prático*. O que se pretende é abolir a ordem antiga dos valores para criar uma nova ordem e é justamente isso que constitui a consciência lúcida do homem histórico, aquele que precisa de destruir para abrir novos caminhos.

4. A violência revolucionária ou a violência messiânica

É de ressaltar, em Benjamin, a presença de um conceito que nunca desaparece da obra do autor, desde o início da sua obra e que é precisamente o conceito de violência. O gesto violento da interrupção e da abolição da ordem profana dá lugar à instauração de uma nova ordem e de um novo estado, messiânico. É também através da violência, em *Origem*, que a alegoria destrói os elos de organicidade e prepara as coisas para uma nova ordem durável, que é a ordem do saber. Esta violência também aparece na tarefa do crítico, em *As Afinidades Electivas de Goethe*, onde este destrói a "bela aparência" para aceder à vida íntima da obra, dilacerando a relação de empatia emocional com a obra de arte. Violência ou carácter destrutivo aparentam-se na sua função, pois trata-se sempre de destruir o que (*já*) se encontra votado à morte, para fazer ressurgir um saber que é de uma outra ordem, durável e eterna.

A violência aparece, em Benjamin, num sentido positivo, de romper com o que nos aparece como aparentemente contínuo, isto é, falsamente contínuo, pois, na realidade, todo o devir da humanidade, histórico e do conhecimento, se afasta dessa continuidade postulada, mostrando antes as suas fissuras internas e as suas descontinuidades próprias. Avesso aos sistemas, que asfixiam o pensamento e não o deixam respirar, Benjamin defende que o pensamento é descontínuo, devendo "renunciar ao percurso ininterrupto da intenção", voltando continuamente ao seu início, como um "infatigável movimento de respiração", mas pautado pela irregularidade do próprio fluxo vital. Se toda a vida do pensamento é marcada pela interrupção, pela suspensão, mais ou menos violenta, então não podemos deixar de observar esta lei como o *modus operandi* mais defendido por Benjamin, relativamente à actividade da crítica e da compreensão do fenómeno da história[118], como se verá posteriormente, no *Livro das Passagens* e, também, nas teses de *Sobre o Conceito de História*.

Violência, como vimos anteriormente, no sentido de salvar a *physis* da sua catástrofe imparável e resgatá-la (num movimento apocalíptico e redentor) pela aniquilação, de forma a integrar uma nova ordem: a ordem messiânica. Um sopro niilista percorre o pensamento de Benjamin, aproximando o seu tom crítico da violência demolidora de Nietszche. Violência destrutiva, como momento que antecede a criação do novo, da nova ordem de valores.

Deste modo, a violência enquanto tal, é, não é um gesto destrutivo (e gratuito), mas algo de profundamente revolucionário, no pleno sentido do termo. É simultaneamente destrutivo e restaurador de uma nova ordem política. E esse carácter revolucionário e político é claramente assumido desde o início da sua obra. Desde que Benjamin defende o ideal da comunidade, uma comunidade ideal e espiritual, já esse espírito revolucionário se encontra latente no apelo aos novos valores pedagógicos, que procuram romper com uma visão decadente da cultura vigente, e observa como esse espírito se alastra e contamina todos os campos do seu pensamento.

Da exigência de uma nova perspectiva da educação e da transmissão da tradição, Benjamin é conduzido à revisão dos restantes modelos, isto é, também uma nova compreensão da história e da temporalidade - que toma lugar em *A Vida dos Estudantes* -, uma nova compreensão da linguagem, por oposição à concepção burguesa e instrumental da linguagem - *Sobre a Linguagem* -, uma nova concepção da experiência - *Sobre o Programa* -, capaz de recuperar o sentido da experiência humana, conferindo-lhe uma dimensão metafísica, uma concepção nova da tradução, assente sobre a perspectiva messiânica - em *A Tarefa do Tradutor* -, um novo conceito de crítica, patente na sua obra *As «afinidades electivas» de Goethe*, - uma nova concepção da origem, da análise dos géneros literários, que rompe com os cânones académicos, em *Origem*. Embora ressaltando estes temas como emergentes no jovem Benjamin, não esqueçamos que eles são recorrentes ao longo de toda a sua obra. queremos mostrar como estes textos constituíram em embrião o corpo de um pensamento que se desenvolverá mais tardiamente, na sua obra *O Livro das Passagens*, nos estudos sobre Baudelaire, em *Charles Baudelaire, um poeta lírico no apogeu do capitalismo*, em *Sobre o Conceito de História*.

Também nos primeiros textos é já claramente visível a apresentação de um projecto político e revolucionário, de carácter messiânico. Ao lermos, numa leitura cruzada, os textos *A Crítica da Violência* e o *Fragmento Teológico-Político,* compreendemos claramente como essa violência destrutiva, enquanto *modus operandi,* faz emergir a possibilidade de uma nova ordem política, em que a justiça é a nova palavra de ordem. Não é tanto no *Fragmento Teológico-Político* que se afirma a justiça como fundamento de uma nova ordem messiânica, mas sobretudo no seu texto *A Crítica da Violência* (*Zur Kritik der Gewalt*). Mas esta exigência da legitimação da justiça passa, precisamente, pelo gesto da violência divina, fundante e revolucionário, no sentido em que instaura a própria justiça. Deste texto falarei já a seguir e, como veremos, a violência é o gesto que legitima a justiça, longe da mera força e da mera autoridade, que apenas força a lei.

Primeiro publicado na revista *Archiv für Sozialwissenchaft und Sozialpolitik, A Crítica da Violência* data de 1921[119]. A análise benjaminiana reflecte aqui a crise do modelo europeu da democracia burguesa, liberal e parlamentar, e o conceito de direito que lhe é intrínseco. Diante das grandes transformações ocorridas durante a guerra, políticas, sociais, etc., as grandes questões da pena de morte e do direito de punir conhecem uma actualidade e uma pertinência enormes. Sorel[120] escreve, em 1908, *Réfléxions sur la violence,* uma obra que é lida atentamente pela geração de Benjamin e que suscita a sua reflexão. De alguma forma, o texto de Benjamin, *A Crítica da Violência,* pode ser entendido como uma resposta a Sorel e à sua obra, mas constitui também uma reacção às teorias do jurista alemão Carl Schmitt[121].

A demonstração que Benjamin procura levar a cabo no texto diz respeito, sobretudo, à questão do direito (*Recht*). Ela pretende inaugurar uma «filosofia do direito», a partir de uma distinção matricial[122] entre as duas violências do direito: a violência fundadora, aquela que instaura e funda o direito (*die rechtsetzende Gewalt*) e a violência conservadora, aquela que luta por manter e assegurar a permanência e a aplicabilidade do direito (*die rechtserhaltende Gewalt*). De acordo com o autor, esta distinção é essencial para compreender a função da violência (*Gewalt*), no seu sentido mais positivo (e não apenas como exercício da autoridade). Como afirma, a tarefa do crítico da violência é a de acabar com a violência repressiva e perniciosa:

> Longe de nos revelar uma esfera mais pura, a manifestação mítica da violência imediata mostra-se profundamente idêntica a toda a força do direito, transformando o pressentimento do carácter problemático desta força em certeza do carácter pernicioso da sua função histórica; a nossa tarefa é, então, a de acabar com ela[123].

Para Benjamin, esta violência mítica diz respeito às violências jurídicas (*Rechtsgewalt*), as que garantem o direito, o qual se conserva a si próprio sob o efeito da violência repressiva. É esta violência cega e ilegítima, e que nada tem a ver com a justiça, que deve ser combatida, constituindo esta tarefa a essência do crítico da violência. Qual a violência que funda a justiça e em que radica essa diferença essencial?

O tema da violência, para Benjamin, não implica uma conotação negativa, mas diz respeito a uma força motriz intrínseca ao projecto benjaminiano[124], no sentido em que a violência divina e messiânica podem fundar uma nova ordem política baseada na justiça, também o termo de *crítica*, neste contexto, não diz respeito a uma evolução puramente negativa, mas sim de avaliação da legitimidade, de exame da violência e dos seus limites, analogamente ao que Kant fez com a razão. Ora, esta avaliação do conceito de violência, como vemos no texto de Benjamin, não pode ocorrer senão no campo do direito e da justiça[125] (*Recht, Gerechtigkeit*), da lei ou, então, no campo das relações com a moralidade e a ética. Não existe uma violência (como *Gewalt*) natural ou física, no sentido em que esta violência, tomada num sentido particular, como "força de lei", exige um juízo, no contexto do aparelho da justiça. Ele pertence à esfera da moralidade e, como diz Benjamin, no início do texto, "Com efeito, de qualquer forma que uma causa aja, ela não se torna violência no sentido pregnante do termo, senão a partir do momento em que diz respeito às relações morais".

Pode-se falar, assim, de uma violência no sentido de uma força natural ou, mesmo, de uma dor física, mas essa força não é violência (*Gewalt*), no sentido em que pode dar origem a um juízo. Desta forma, este conceito de violência pertence sempre à ordem simbólica do direito, da política e da moral, isto é, de todas as formas de autoridade. E é apenas neste sentido que ele pode gerar a possibilidade de uma crítica. Só este tipo de violência interessa considerar como objecto fundamental da tarefa do crítico da violência. E, de acordo com Benjamin, "a violência não pode encontrar-se senão no domínio dos meios, e não dos fins"[126], por isso, "a violência é um meio para os fins justos ou injustos."

Invocando a lenda de Níobe, Benjamin opõe a violência do castigo divino e fulminante contra Coré e os levitas, os privilegiados, na revolta daqueles contra Moisés, Benjamin caracteriza a violência divina numa contraposição com a violência do *mythos*. Enquanto esta é sangrenta[127], impondo a falta e a expiação, a violência divina não ameaça nem é sangrenta, não hesita em aniquilar, ela mata-os sem sequer os advertir, sem qualquer ameaça. A natureza da violência divina, avassaladora e imprevisível, já nada tem a ver com o plano da violência mítica que funda o direito, mas é de uma outra ordem. Se a violência mítica é sangrenta é porque ela é exercida contra a vida pura e simples, mas "a violência divina é violência pura, exercida a favor do vivo contra toda a vida". Esta distinção entre a natureza sangrenta e não sangrenta da violência é crucial para distinguir os seus tipos. O sangue é o símbolo da vida, da vida pura e simples, da vida tomada enquanto tal. Ora, fazendo correr o sangue, a violência mitológica do direito exerce-se a favor do vivo contra a vida pura e simples (*das blossen Lebens*).

Ao invés, a violência puramente divina (judaica) exerce-se sobre toda a vida, mas em proveito ou a favor do vivo. Isto é, enquanto a violência mitológica do direito se satisfaz a ela própria sacrificando o vivo, a violência divina sacrifica a vida "para salvar o vivo", em favor dele. Embora nos dois casos haja sacrifício, todavia no caso em que o sangue é exigido, o vivo não é respeitado. Se o vivo é sempre privilegiado, no plano da violência divina, então o mandamento "Não matarás" permanece um imperativo absoluto[128], a partir do instante em que a violência divina mais destrutiva se guia pelo respeito pelo vivo, para além do direito e do juízo. Este imperativo não é seguido de nenhum julgamento e não fornece nenhum critério para tal. Tanto ao indivíduo como à comunidade é-lhes confiada a "responsabilidade" da sua decisão para situações excepcionais - como é o caso de Koreh e dos levitas, ao insurgirem-se contra a autoridade de Moisés.

Porém, é nesta aniquilação que ela cumpre o seu propósito, pois "*lava* a falta", a culpa, mas, ao mesmo tempo coloca-se fora do campo da expiação, pertence a uma outra ordem que transcende a falta e a expiação, pois estas pertencem à esfera da violência mítica. A violência divina é *destrutiva* e é, com efeito, pela aniquilação brutal e imprevisível que ela *lava a falta*, "liberta o culpado, não só da falta, mas também do direito"[129]. Em lugar de colocar os limites e as fronteiras do direito, ela aniquila-os. Em lugar de induzir, ao mesmo tempo, à falta e à sua expiação, ela faz expiar. A radicalidade desta violência pressupõe a supressão do próprio direito, no momento em que "recai sobre o culpado". Isso leva-nos ao ponto essencial da questão: a ordem do direito, da violência mítica, é erradicada e suprimida, pela destruição da violência divina, fazendo nascer uma outra ordem, sagrada: a da justiça divina e messiânica[130].

Neste sentido, a violência divina não é apenas pura[131], como também é revolucionária, originando uma nova ordem, em que a justiça é a palavra de ordem. De acordo com Benjamin, esta justiça divina é a que faz nascer a ordem messiânica. Como nova e revolucionária, rompendo inteiramente com o direito e com a própria violência mítica. Vamos mais longe: a violência divina suprime a própria violência mítica, instaurando a justiça. Reconhecemos aqui o mesmo tom político do *Fragmento Teológico-Político,* a integrado na mesma aspiração à ordem messiânica, através do mesmo gesto: a aniquilação e a destruição da antiga ordem profana, que garante a possibilidade de levar a cabo uma tarefa messiânica, rompendo com a ordem da violência do direito.

Se a crítica da violência conforma e leva a cabo o "gesto destrutivo", ela fá-lo, não em nome de uma violência gratuita e ilegítima, mas sim em nome de uma verdadeira justiça que se procura restaurar no mundo profano. Instaurar uma nova ordem, para poder levar a cabo uma restauração da justiça e a garantia de um projecto político-messiânico. Pois, como o autor afirma, "esta violência divina não se prova somente pela tradição religiosa, mas encontra-se também na vida presente, pelo menos numa manifestação sacralizada."

Ao mesmo tempo, é um momento de suspensão, de *epokhé,* este momento fundador ou revolucionário do direito e ocorre como uma instância de não-direito. Como Derrida ressalta, a este propósito[132]: "Este momento tem sempre lugar e nunca tem lugar numa presença." Tal significa que o momento fundador do direito, para Derrida, "permanece suspenso no vazio ou sobre o abismo", pois a ordem do direito é estilhaçada nesse mesmo instante messiânico. Derrida invoca o homem kafkiano como o ser "diante da Lei", aquele que se encontra numa situação terrível, que é a do que nunca chega a ver ou, sobretudo, a tocar, a ter qualquer espécie de contacto com a lei: "porque ela é transcendente na mesma medida em que é ele (homem) que a deve fundar, como vindoura, através da violência." O paradoxo é evidente; se, por um lado, é no horizonte de uma transcendência inacessível que se coloca a Lei, por outro, ela não depende senão daquele que está diante dela, que, assim, a produz, a funda, a autoriza[133]. Transcendente e teológica, a lei é algo que advém sempre e que se encontra sempre prometida, precisamente pelo facto de ser imanente, finita e já passada.

É sobretudo nos parágrafos finais do texto *A Crítica da Violência* que se define claramente a posição de Benjamin, relativamente à violência. História e crítica da violência interpenetram-se: "A crítica da violência é a filosofia da sua história. A «filosofia» desta história porque só a ideia do seu ponto de partida permite uma tomada de posição crítica."[134]. Benjamin tentou, com efeito, perceber a violência como força essencial do seu pensamento político, tomando o palco da história para diagnosticar as suas formas ilegítimas (e também as legítimas). Perfila-se, para além das "formas míticas do direito" (*mythishen Rechtsformen*), um horizonte longínquo, uma "nova era histórica", que advém, precisamente, da ruptura com essas forças míticas, do seu aniquilamento, o qual só se revela sob o golpe da violência "pura e imediata", isto é, a "violência revolucionária" e que é a "mais elevada manifestação entre os homens", no sentido em que ela simboliza a instauração da justiça e do surgimento de uma ordem nova. Mas esta, contrariamente à violência mítica, não se conhece "senão nos seus efeitos incomparáveis, porque a força da violência, a de poder lavar a falta, não salta à vista dos homens."[135]. Ainda que não seja visível ao olhar humano, é ela que concentra o foco do crítico da violência, pois apenas a violência pode fundar a justiça e criar uma ordem política nova. E Benjamin fecha o seu texto, dizendo-nos: "É preciso rejeitar toda a violência mítica, a violência fundadora do direito (...) É preciso rejeitar também a violência conservadora do direito, a violência administrada e que está ao serviço da violência discriminatória. A violência divina, que é insígnia e selo, nunca é o meio de execução sagrada, pode ser designada por soberana." Neste sentido, a violência divina é revolucionária ou pode dizer-se que ela conforma um gesto revolucionário[136], no sentido em que, rompendo com a violência mítica do direito, ela instaura a justiça, numa nova ordem messiânica.

Não é difícil ver as consequências das posições benjaminianas, que aqui são legadas ao seu pensamento. A história "está do lado desta violência divina", ela constitui-se na oposição ao mito. É a violência divina que funda uma "nova era histórica" [*Ein neues geschichtliches Zeitalter*] que se sucede ao final do reinado mítico, numa interrupção decisiva do círculo das formas míticas do direito, a abolição do Estado de autoridade e da violência de estado [*Staatsgewalt*]. Esta "nova era" seria política, de acordo com Benjamin, para que permitisse o advento da justiça como condição fundamental e responsabilidade da comunidade. Desta forma, ao legitimar a violência divina como violência revolucionária, Benjamin assegura um estatuto legítimo à violência revolucionária, como violência pura e imediata. Mas estará ela ao alcance dos homens? Benjamin é claro, nesse aspecto. A decisão do gesto revolucionário, aquela que é determinante e que permite conhecer ou reconhecer uma tal violência pura e revolucionária como tal, é uma *decisão inacessível ao homem:* "Para os homens não é igualmente possível nem urgente, decidir quando uma violência pura fosse efectiva num determinado caso"[137]. Tal significa dizer que é a justiça divina, entenda-se messiânica, a mais justa, a mais efectiva, a mais histórica, a mais revolucionária, a que conhece o maior poder de decisão. Porém, ela não se presta a nenhuma determinação humana, a nenhum conhecimento ou «certeza» que possam ser decididos da nossa parte, pois, como Benjamin afirma, não se conhece essa violência nela própria, mas sempre nos seus "efeitos incomparáveis", pois "a força da violência, a de lavar a falta, não salta aos olhos dos homens". Não é possível reduzi-la a nenhuma generalidade de ordem conceptual nem a nenhum juízo que a determine. Assim, não existe «certeza» (*Gewissheit*) ou determinação possível que não se constitua apenas no espaço da violência mítica, do direito. Isto é, "só a violência mítica e não a violência divina", diz Benjamin, se deixa conhecer com tal certeza.

Nas últimas linhas do seu texto, Benjamin refere-se às formas míticas do direito como um "abastardamento" das verdadeiras forças. O direito mítico é, de acordo com o autor, uma violência que terá abastardado (*bastardierte*) as "formas eternas da violência divina pura", isto é, o mito abastardou, com o direito [*mit dem Recht*] a violência divina, deixando-nos à mercê da injustiça, abastardando também as formas que garantem a justiça no mundo dos homens. E é justamente por isso que "é preciso rejeitar toda a violência mítica, a violência fundadora do direito, que não se pode chamar violência governante. É preciso rejeitar, também, a violência conservadora do direito, a violência governada que está ao seu serviço." Rejeitá-la em nome da violência divina e portadora da possibilidade da legitimação da ordem da justiça. Esta, como Benjamin o afirma, justamente na última frase, é a que pode ser designada por soberana [*die waltende heissen*].

Soberana, em segredo, sem ser conhecida pelo homem senão pelos seus efeitos. Ela pode ser nomeada, mas nunca conhecida, nunca sujeita a qualquer conceptualização. Soberana é então a violência e potencial, fundante. Ela não diz nada, mas nomeia-se, está para além da conceptualização, mas é, ao mesmo tempo, condição de toda a nomeação. Eis a condição sagrada da justiça, fundada na potência infinita de Deus, no momento em que a sua violência assina o gesto revolucionário, como secreto. Cabe-nos a nós - pela parcela messiânica que nos cabe em sorte - preservar a justiça, guardando essa potência revolucionária da violência divina, como a chama mais intacta. Essa é também a tarefa da história.

A irredutibilidade do gesto divino e revolucionário, que funda a justiça e uma "nova era" é comparável "ao movimento espiritual da *restitutio in integrum* que conduz à imortalidade", através do aniquilamento da ordem profana e da ordem de todas as teocracias, tal como aparece no *Fragmento Teológico-Político*. O gesto destrutivo conforma o mesmo desejo de fundar uma "nova era histórica", a messiânica, substituindo a dinâmica da história pelo "ritmo" da natureza messiânica [*der Rhythmus der messianischen Natur*][138]. Com esta comparação entre os dois textos, salientamos a grande coerência do pensamento benjaminiano de fundar a história e a política, o direito, numa ordem messiânica que tem vindo a desenhar-se desde o texto *A vida dos Estudantes*.

V
A crítica da experiência e as suas consequências: por um novo conceito de experiência

1. Tradição e modernidade: o eterno dilema e o diálogo crítico com o seu tempo

Não quero repetir-me, mas sim deixar claras as pretensões de Benjamin, mostrando as linhas de força que conduzem o seu pensamento. As análises que fiz anteriormente dos textos mostraram-nos como o diagnóstico da sua época, que o autor levou a cabo, sobre as concepções que regiam o pensamento e o contextualizavam, evidenciaram as falhas dos modelos que regiam o conhecimento histórico no seu tempo. Dando-se conta do afundamento da teleologia e da perda de sentido do proclamado "progresso histórico", pela experiência dolorosa da guerra e do colapso dos paradigmas da história e da experiência, Benjamin envereda pelo estudo de autores e de linhas de pensamento que possam servir de base conceptual às ideias que o ocupam, por um lado, como uma recusa do pensamento vigente e simultaneamente uma tentativa de estabelecer uma crítica que abra novas perspectivas para o conhecimento da história.

Se a crítica da história, vista à luz do progresso, revela as suas fragilidades, no entanto Benjamin não resvala para o cepticismo nem para o pessimismo, que se desenvolviam no seu tempo. Mergulhando no estudo dos autores do primeiro romantismo, em Goethe, nos autores neo-kantianos como Hermann Cohen e Rickert, nos místicos da linguagem como Hamann, ele procura uma forma de conciliar o que considera como fundamental – a tradição do pensamento e da filosofia – com uma modernidade emergente e que ameaça dissolver os valores do passado[139]. Valores que dizem respeito à conservação da autenticidade da experiência, do carácter metafísico da linguagem e da própria história. Não é um lamento o que se lê na obra de Benjamin, longe disso, mas, antes, uma forma de pensamento que mergulha na sua época e procura, a partir de uma crítica lúcida, (re) encontrar o que pode devolver-lhe o esplendor da tradição, lutando contra todas as formas de dissolução dessa tradição. Esta manifesta-se no afundamento numa perspectiva meramente instrumental da linguagem, numa perda do sentido da história, pela inscrição dos acontecimentos numa ordem temporal falsa, como o é a ordem da continuidade, da sucessão e da cumulação, e da linha homogénea do tempo. Por isso, para Benjamin, trata-se, assim, de lutar contra as grandes ilusões e crenças da sua época: contra a ilusão do progresso e de uma continuidade imparável no sentido da história, contra as grandes ilusões colectivas e sociais, contra o mito. Podemos afirmar que a melhor expressão que convém à obra de Benjamin é a de um racionalismo crítico, que caminha ao arrepio de todas as tendências da sua época, mas que, ao mesmo tempo, não as ignora, em tom de diálogo crítico com o seu tempo. Benjamin é um leitor profundamente atento e consciente do seu tempo e alguns comentadores[140] viram nele o filósofo visionário que antecipou as grandes catástrofes do seu tempo.

Nos próximos capítulos, procurarei clarificar e analisar as posições benjaminianas relativamente aos conceitos da experiência e da linguagem. Um mesmo fio condutor, a procura de uma perspectiva messiânica que seja capaz de superar as insuficiências, tanto da noção kantiana da experiência, quanto da concepção instrumental da linguagem. Esta, como já o disse e veremos melhor, é a grande responsável pelo empobrecimento da linguagem humana, reduzindo-a a uma mera função de comunicação. Importa-nos compreender, não obstante as dificuldades, o modo como o pensamento benjaminiano persegue uma determinada linha de força e nela persiste, mesmo integrando novos conceitos e contornando paradoxos, num percurso de grande coerência, definindo uma perspectiva messiânica. Ainda que atento ao pensamento da sua época, o que nos chama a atenção é sobretudo o modo como procura conciliar a tradição do pensamento com a modernidade emergente, recorrendo aos conceitos dos primeiros românticos, de Goethe, da tradição judaica, de Hamann e de tantos outros autores que lhe forneceram os elementos de que precisava e a que lançou mão.

A vigilância crítica a que sempre sujeitou o seu pensamento permitiu-lhe a imunidade perante certas formas de pensamento ecléctico, bem como lhe garantiu a independência, quer relativamente à teologia judaica, quer ao racionalismo árido das perspectivas positivistas. Tal como sempre o compreendeu, a sua escrita e o seu pensamento sempre beberam na teologia, como ele afirma claramente:

> O meu pensamento comporta-se para com a teologia da mesma forma que o mata-borrão para com a tinta. Ele fica totalmente embebido nela. Mas, se subsistisse o mata-borrão, então nada subsistiria daquilo que está escrito[141].

O facto de a teologia se constituir como fonte original não significa que o seu pensamento se deixasse tiranizar pela mesma. Ela é uma matriz do seu pensamento (como outras), fornecendo-lhe motivos essenciais para a reflexão. Refira-se, a título de exemplo – tomado cuidadosamente – o texto do Genesis que serve de base ao texto da linguagem. Mas o facto de Benjamin ter recorrido ao texto vem logo seguido da advertência que a reflexão sobre o mesmo não se pretende teológica nem sequer exegética[142]. Ponto de partida, o texto bíblico permite apresentar a linguagem como "realidade última, inexplicável, mística, que não pode ser observada senão no seu desenvolvimento." (Ibidem). Também no texto *Sobre o Conceito de História*, como haveremos de analisar, a presença da teologia (dissimulada e escondida na figura do anão da teologia) está lá.

No entanto, temos bem presente a necessidade de demarcar o pensamento benjaminiano de uma aspiração teológica ou mística, como tanto o desejou Scholem, bem como a necessidade de evitar a tendência para ler nele uma qualquer vocação cabalística, como sugeriu, na sua obra, Menninghaus, em *Walter Benjamins Theorie der Sprachemagie*, onde identificava as fontes místicas e cabalísticas do pensamento benjaminiano. É bom nunca deixar de relembrar o racionalismo de Benjamin, avesso ao mito e à compreensão mítica do conhecimento e da própria linguagem.

2. Reflexão sobre o conceito de experiência (*Erfahrung*)

A reflexão em torno da experiência (*Erfahrung*) será, ao longo da sua obra, uma constante que contribui para a unidade no seu percurso. Como veremos, o texto sobre Kant (*Über das Programm der Kommenden*

Philosophie) que data de 1917, visa uma restituição integral da experiência. Posteriormente, a temática da perda da experiência – nos textos sobre Baudelaire e sobre a Modernidade – será um dos eixos fundamentais da sua obra e da tarefa do historiador materialista. No entanto, a primeira fase desta reflexão data da época da juventude. O artigo de Junho de 1913, *Erfahrung*[143], publicado na revista *Der Anfang*, no mês de Outubro desse mesmo ano, sob o pseudónimo de Ardor, revela-nos já como a sua reflexão se condensa em torno desse tema. Também na sua carta a Belmore, datada de 23 de Junho de 1913, anuncia-lhe: "Escrevi ontem um artigo intitulado «Experiência». Foi o que provavelmente fiz de melhor até aqui para a «Der Anfang»"[144]. Já aqui Benjamin se debate com o tema da experiência, questionando a sua possibilidade do ponto de vista da juventude. Se a experiência é vulgarmente o apanágio do adulto, mas Benjamin não identifica nessa experiência senão uma máscara. Quer Benjamin dizer que a experiência do adulto nada tem a ver com espiritualidade, mas apenas com vivência. Desse ponto de vista, a experiência, no sentido de *Erfahrung*, cabe apenas à juventude porque só ela se situa num plano em que existe a compaixão, a verdadeira espiritualidade. A experiência do adulto é uma máscara, precisamente por esconder a falta de tolerância, a experiência do filisteu, aquele que despreza as manifestações do espírito da juventude.

Vinte anos mais tarde – deixemos, por agora, em suspenso o capítulo sobre o conceito kantiano de experiência –, Walter Benjamin retoma, num ensaio breve, o conceito de experiência, mais concretamente no ano de 1933. *Experiência e Pobreza* (*Erfahrung und Armut*). A perspectiva aqui em questão transformou-se numa análise amadurecida da pobreza da experiência moderna e da dialética entre a experiência, tomada no sentido autêntico, tradicional (narrativa e oral), e a vivência da modernidade, após a revolução industrial, alienada e esvaziada, a que Benjamin chama a "nova barbárie"[145]. Uma "barbárie" que se aceita a si própria, sem sequer pensar numa possibilidade de constituir uma nova forma de experiência, como o afirma Benjamin. Esta nova "barbárie" devorou a cultura e o homem, a dos grandes "construtores da Modernidade".

Mas o que é a experiência autêntica, *Erfahrung*, de que nos fala Benjamin? É "a experiência transmitida boca a boca"[146], a experiência transmitida oralmente e que está na base da narração. É sobretudo no seu ensaio *O Narrador* (*Der Erzähler*) que Benjamin vai falar nesta dimensão oral da experiência. Mas é antes de mais nada ao tema da perda da experiência e, nomeadamente, ao tema da perda da aura[147], que ele irá consagrar uma grande parte dos seus textos: os textos sobre Baudelaire, como já foi referido, inúmeras apontamentos e citações do *Livro das Passagens*, referentes à modernidade e aos mais variados temas como o jogo, a prostituição, Baudelaire, etc., bem como a *Pequena História da Fotografia*, constituem – nos textos mais tardios – um manancial inesgotável de reflexão sobre o conceito de experiência.

3. A importância do pensamento de Hamann em Benjamin

> *Cada aparição da Natureza era uma palavra, – o sinal, o símbolo e o indício de uma nova, secreta, indizível e tanto mais profunda reunião, comunicação e comunidade de energias e de ideias divinas. Tudo o que o homem ouviu no começo, viu pelos seus olhos, contempla e o que as suas mãos tocavam, era uma palavra viva; porque Deus era o Verbo.*
> Hamann, O Cavaleiro da Rosa-Cruz.

Não é apenas Kant que está muito presente na obra de Benjamin, mas um outro autor que gostaria de ressaltar igualmente: Johann Georg Hamann. Pelas razões muito específicas que aqui apontaremos, Hamann tinha sido o próprio mediador da edição da *Crítica da Razão Pura e* começou, de imediato, a preparar uma crítica da própria obra. O seu texto *Metakritik über den Purismen der Vernunft* (*Metacrítica sobre o Purismo da Razão*) nunca foi publicado enquanto o autor foi vivo.

Consciente da necessidade de estabelecer os pressupostos da possibilidade do conhecimento, é na linguagem e no seu uso determinado pela historicidade que Hamann finca as bases do seu pensamento. Percebendo a relação indissociável e "impura" do pensamento com a linguagem, Hamann compreende claramente – como Benjamin lerá com precisão – que as leis do pensamento não podem ser puras. É nesta "armadilha" que Kant cai, na óptica de Hamann.

Na língua, onde a razão não pode purificar-se, podemos encontrar a história e a situação de todo um povo. Uma concepção da linguagem que, sacrificando em nome da pureza da razão – Hamann refere-se, aqui, a Kant e à sua linguagem exclusivamente científica e separadora –, não tem em conta estes elementos e enleios através dos quais respira o próprio pensamento, deixa de lado uma parte essencial da experiência humana. Se a língua materna é a matriz, tanto da poesia, como da filosofia e de toda a comunicação entre os homens, como podemos pensar em eliminar a sua equivocidade, a sua impureza, a sua natureza indomesticável e plena de forças e energias imprevistas e imprevisíveis, sem que a destruamos na sua própria essência? Essa parece-nos ser a questão essencial. Existe, tal como uma linguagem comum, uma experiência comum aos homens que é perpetuada pela tradição. E, tal como acontece no acto poético, só é possível fazer filosofia com a língua materna - traço que distingue naturalmente a filosofia[148] das outras ciências e que Benjamin abordará com pormenor no "Prefácio" da obra *Origem*:

> É próprio da literatura filosófica o ter de confrontar-se a cada passo com a questão da apresentação [*Darstellung*]. Na sua forma acabada, essa literatura apresentar-se-á como doutrina, mas o simples pensamento não tem o poder de lhe conferir esse carácter acabado. A doutrina filosófica assenta na codificação histórica, e por isso não pode ser invocada *more geometrico*[149]

O que Benjamin afirma claramente é a impossibilidade de uma redução da prosa filosófica à linguagem matemática, aquela que já eliminou o problema da apresentação e que pode ser apresentada na sua forma "rigorosamente objectiva", puramente universal e abstracta. Não é o caso da filosofia que lida com a linguagem materna. A "codificação histórica de que Benjamin fala" diz respeito à evolução interna da língua e dos conceitos, que escapam sempre à mais acabada definição.

Na verdade, como diz Maria Filomena Molder, sempre que o filósofo pensa, "pensa sempre numa língua materna ou que foi eleita como tal pela tradição"[150]. Essa língua materna é a matriz, não apenas da tradição, de que ela se alimenta, como também da própria experiência e do pensamento filosófico. Se a matemática e as ciências exactas podem dispensar a língua materna, devido ao facto de terem criado uma linguagem convencional e rigorosamente objectiva, já a filosofia procura eliminar as imprecisões da linguagem e elevá-la ao rigor que lhe exige o pensamento, lidando com a língua materna.

Que perspectiva da linguagem é a de Hamann e porque exerceu sobre Benjamin tão forte impacto? Será uma linguagem messiânica, como o pressentiu o jovem Benjamin, que também a procurava no seu texto *Sobre a Linguagem?* Referimo-nos, aqui, à procura da linguagem como uma realidade mística e sagrada, misteriosa e mágica[151], isto é, como ela pode ser tomada, também, como *promessa* messiânica, como Benjamin definirá posteriormente.[152] Neste sentido, a linguagem é entendida como uma realidade altamente espiritualizada - e não meramente instrumental - cuja natureza exprime a essência humana, ao mais alto grau.

No ensaio benjaminiano *Sobre a Linguagem,* Benjamin retoma; por um lado, o pensamento hamanniano e as suas provocações ao pensamento iluminista e redutor (relativamente à experiência); e, por outro, não se deixa vencer por aquilo a que ele chama as "concepções burguesas da linguagem", nas quais ele identifica um abastardamento da sua essência. Estas são as concepções mais instrumentalizadas da linguagem, que não tomam em consideração a linguagem como essência espiritual e metafísica, precisamente aquela que é a pretendida por Benjamin. É bem na óptica de uma concepção metafísica da linguagem, alimentada pelas correntes da tradição mística e da própria cabala, que surge o ensaio de Benjamin. No ensaio de Menninghaus[153], *Walter Benjamins Theorie der Sprachemagie,* o autor frisa essa relação entre a cabala e a teoria cabalística da linguagem com o pensamento de Hamann, sobretudo no seu texto *Aesthetica in Nuce,* cujo subtítulo é "Uma rapsódia em prosa cabalística". É neste texto que Hamann expõe as suas ideias sobre a linguagem em geral. De acordo com Menninghaus, ressalta-se aqui a forte ligação do autor com a tradição cabalística.

É nesse texto, porém, que Hamann fala da linguagem das "coisas" e fala, também, sobre a linguagem da "natureza", expondo uma visão esotérica e teológica (essa a que nos interessa para compreender a relação com Benjamin). Para Hamann, a linguagem constitui-se como o verdadeiro fundamento de toda a experiência humana. Por outro lado, Hamann fez uma leitura de Platão, que também foi partilhada por Benjamin. O âmago da sua leitura do *Crátilo* (e também a de Benjamin), relativamente à sua teoria da linguagem, recai sobre o problema do nome próprio, questão que aparecerá no texto de Benjamin.

A linguagem é "presença das coisas", é manifestação, fenómeno e, ao mesmo tempo, evidência, que se apresenta mediante imagens, como

Hamann o explicita claramente. Campos magnéticos que geram a partir de si forças indomesticáveis, essas imagens são, ao mesmo tempo, esplendorosas na sua evidência e secretas, nesse mistério com que se oferecem ao meu olhar. Fonte de todo o conhecimento e da própria felicidade humana, essas imagens irradiam em torno de si todo o mistério da Revelação. E, curiosamente, a linguagem não se vislumbra senão no acto de reunir os fragmentos, de coligi-los, de interpretá-los.

Foi este texto absolutamente extraordinário de Hamann que marcou o pensamento do jovem Benjamin, quando redigia o seu texto *Sobre a Linguagem em Geral,* como foi também esta experiência metafísica da linguagem em Hamann e a concepção da linguagem como um dom [*Gabe*] e, também, como Revelação [*Offenbarung*][154] que atraiu o pensamento de Benjamin. E que lhe terá permitido repensar o conceito de experiência (*Erfahrung*) em Kant e reformulá-lo numa tensão para um "nível de experiência metafísica superior". A linguagem é, assim e ao mesmo tempo, o fundamento de toda a razão e de todo o pensamento e tem uma natureza divina, como pura manifestação, Revelação.

Se, por um lado, referirmos a "prioridade genealógica da linguagem"[155] que lhe confere o seu carácter originário e metafísico, este revela-se no seu uso materno e que excede as funções lógicas. A ideia de prioridade remete para a apresentação da linguagem na sua natureza imediata e primordial e que antecede o seu uso lógico e instrumental. Esta concepção da linguagem como "prioridade genealógica" - e não lógica, instrumental - influenciou o pensamento de Benjamin, que viu nessa consideração de Hamann a possibilidade de se afastar das concepções instrumentais da linguagem, privilegiando-a como uma realidade metafísica e mágica, como Revelação.

Assim, a designada 'prioridade genealógica' da linguagem, antes de ser uma característica da língua achada por dedução ou indução, corresponderia mais ao facto de não conseguirmos conceber sem ela nem o pensamento nem a experiência humana. Relembremos que, apesar de não ser este o texto de Hamann que mais importância teve para o texto benjaminiano *Sobre a Linguagem,* ele contém pressupostos que não podem ser deixados de lado. Também para Benjamin, a natureza da linguagem é puramente metafísica, tomada como realidade originária e primeira, no contexto da experiência humana.

4. Em busca de uma génese para o texto *Sobre o Programa de uma Filosofia Vindoura*

Na correspondência com Scholem, Benjamin fala exaustivamente das suas leituras de Kant e da importância que este autor teve para ele. Numa carta a Scholem[156], datada de Outubro de 1917, ano em que redige *Sobre o Programa de uma Filosofia Vindoura,* Benjamin esclarece uma série de questões que são objecto da sua actual reflexão. Nessa carta anuncia que vai começar a trabalhar Kant e a história, tendo em vista transformá-lo no objecto de estudo do seu doutoramento[157]. Mais tarde, como sabemos e já o referimos anteriormente, renunciará a esse projecto, como revela a carta a Scholem. E na carta de 23 de Dezembro, ainda a Scholem, explica-lhe: "Eu acho as reflexões de Kant totalmente inadequadas para fornecer um ponto de partida ou para constituir, por si próprio, um objecto de estudo ". Confessa, na mesma carta, a sua decepção relativamente à leitura de *ideia de uma história universal com um propósito cosmopolita:* "No que diz respeito à filosofia da história de Kant, a leitura dos dois principais textos que tratam especificamente dela (...) decepcionou as minhas expectativas mais vivas." Essas expectativas tinham claramente a ver com o projecto do seu doutoramento. A razão que Benjamin dá a Scholem para a sua decepção é o facto de que "Em Kant trata-se menos da história do que de certas constelações históricas de interesse ético." Não é a história que se apresenta como objecto fundamental do texto de Kant, mas sim a história subordinada à possibilidade de levar a cabo a ética.

Ainda que Benjamin retroceda na sua intenção, relativamente ao doutoramento, vemos claramente que o texto *Sobre o Programa de uma Filosofia Vindoura* se constitui como uma primeira abordagem da «tarefa infinita»[158], de que Kant falava. Quando redigiu este texto, ele ainda acreditava ser possível constituir a filosofia como um programa filosófico. A sua ideia, a de levar a cabo o trabalho de dissertação sobre o conceito de crítica de arte no romantismo alemão, tem a ver com a descoberta do conteúdo messiânico do pensamento dos primeiros românticos Schlegel e Novalis, abandonando, assim, o projecto de estudar Kant. Qual a preocupação que ocupa o espírito de Benjamin? Como ele escreve a Scholem, numa carta que lhe dirige em Junho de 1917[159], o primeiro romantismo atrai-o por duas razões de que já falámos aqui. Por um lado, porque é o movimento que salva a tradição no presente; por outro, por conter em si o ponto de partida para a constituição de uma perspectiva messiânica da história. E, ainda há um outro factor, que é o reconhecimento da importância de Kant por Benjamin, assinalando para a sua metafísica um papel modesto e determinando com precisão (e genialidade) as condições de uma experiência *a priori* possível. É no conceito kantiano de experiência (*Erfahrung*) que se descobre uma nova configuração dos fenómenos e do conhecimento, a partir das estruturas transcendentais.

Mas em que consiste a experiência? Proclamando um "retorno a Kant", Hermann Cohen[160] identifica na filosofia kantiana uma teoria da experiência como conhecimento objectivo. Se Benjamin leu Kant com persistência e atenção, no entanto, a sua leitura foi muito permeável às interpretações de Hermann Cohen, fundador da escola neo-kantiana. Na primeira edição da sua obra, Hermann Cohen fala desse "retorno a Kant", citando Helmholtz, como um dos grandes espíritos científicos da sua época. Para Cohen, *Erfahrung* é o termo fundamental da filosofia moderna, no sentido em que se afasta de uma abstracção e se transforma numa forma de expressão científica. Ela cobre tanto o campo da reflexão como o da sensação, transformando-se simultaneamente em "fonte" e "conteúdo" do conhecimento, o conceito polivalente que designa ao mesmo tempo o "objecto" e o "método".

Assim, para Cohen, o conceito de experiência transforma-se no núcleo da filosofia kantiana, partindo da separação crítica das esferas da "ciência" e da moral, em que a experiência é identificada com o conceito de conhecimento natural. E, neste sentido, o conceito de experiência [*Erfahrung*] é subtraído à sua significação vaga e mais habitual, possibilitando, assim, que o criticismo possa abrir-se para uma dimensão mais enriquecedora deste conceito. Tal significa conferir uma dimensão mais objectiva ao conhecimento, delimitada e "reconfigurada" por critérios que lhe conferem uma maior legitimidade: as condições *a priori* do conhecimento ou as suas condições de possibilidade.

A teoria kantiana da experiência tinha sido adaptada, na segunda metade do século XIX, aos requisitos da cultura científica dominante, a da interpretação psicofisiológica de Wundt, de Helmholtz. É, com efeito, contra este "psicologismo" que a escola de Marburg e, particularmente Hermann Cohen, se insurge, reivindicando a especificidade do método transcendental, face à redução da filosofia kantiana a um papel de auxiliar da ciência experimental.

Existe, ainda, uma outra corrente de retorno filosófico a Kant, na escola que é representada por figuras como Rickert – com quem Walter Benjamin estudou – e Windelband. Esta escola neokantiana afirma uma tendência para alargar o horizonte da teoria kantiana da *Erfahrung*. É sobretudo sob esta orientação que Benjamin prossegue a sua investigação de Kant. Ele desenvolverá a sua crítica ao conceito kantiano de *Erfahrung*, procurando redescobrir (e alargar) o potencial metafísico de Kant. Na óptica de Benjamin:

> O problema da teoria kantiana do conhecimento, como de toda a grande teoria do conhecimento, apresenta dois lados e apenas de um deles ele pôde dar uma explicação válida. A primeira é a questão da certeza do conhecimento que permanece; a segunda a da dignidade de uma experiência que foi efémera. Porque o interesse da filosofia é sempre orientado, ao mesmo tempo, para o valor intemporal do conhecimento e para a certeza de uma experiência temporal, considerada como o primeiro, senão o único objecto deste conhecimento[161].

A questão da permanência do conhecimento deriva de uma outra que é a própria unidade do conhecimento. Se, para Kant, o conceito de experiência tinha o seu suporte na unidade do conhecimento e na consciência transcendental, para Benjamin é preciso encontrar um fundamento que dignifique a experiência, não a reduzindo a um plano meramente científico. Este é o principal obstáculo que Benjamin vê na teoria kantiana: "a realidade na qual o filósofo queria fundar o conhecimento, e com a qual ele queria fundar o conhecimento sobre a certeza e a verdade, é de nível inferior, talvez do último nível."

Deste modo, a experiência valorizada por Kant é aquela que vai buscar "os princípios da experiência às ciências e sobretudo à da física matemática" (Ibidem). A teoria kantiana do conhecimento, de acordo com a opinião de Benjamin, "satisfaz-se com um conceito pobre de experiência." A razão disso não é especificamente kantiana, mas tem a ver com a própria visão do mundo [*Weltanschauung*] na época da *Aufklärung*. Trata-se, com efeito, de aplicar à experiência humana conceitos físico-matemáticos, de ordem quantitativa, um modelo de experiência que, assim, se vê reduzido ao modelo da mecânica newtoniana, conceito que é, deste modo, empobrecido, porque esvaziado da sua espiritualidade.

Não é tanto Kant que Benjamin critica, mas sobretudo os valores que regem a sua época e que, assim, determinaram o contexto do pensamento kantiano sobre o conhecimento e a experiência.

Ao limitar a importância da metafísica, a época moderna empobrece claramente a noção de experiência: "Para sugerir o que faz a pobreza e a mediocridade da experiência própria da época, na qual se funda a sua surpreendente leveza metafísica, basta medir a influência limitativa que o conceito inferior de experiência exerceu sobre o próprio pensamento kantiano"[162]. Como podemos ver, não é tanto Kant quem é visado na crítica de Benjamin, como ele afirma: "Kant não contestou nunca a possibilidade da metafísica". O que Kant pretendia era "estabelecer os critérios que permitem, em cada caso particular, demonstrar esta possibilidade." Era a época de Kant que rejeitava a metafísica, não tinha "necessidade de metafísica".

Do ponto de vista benjaminiano, apesar de identificar em Kant essa pobreza da experiência, característica da sua época, ele abriu, ao mesmo tempo, o caminho para elaborar os prolegómenos de uma "filosofia vindoura", isto é, abriu o espaço para o verdadeiro conhecimento de uma "experiência superior"[163]. Porém, como Benjamin reconhece, "Para a filosofia vindoura, é da mais suprema importância distinguir e separar os elementos do pensamento kantiano que devem ser assumidos e conservados, os que devem ser revistos e os que devem ser rejeitados".

Se a filosofia vindoura é possível, Benjamin não poderia ser mais claro:

> (...) trata-se, ao mesmo tempo, de formular a exigência principal dirigida à filosofia presente e afirmar a possibilidade de a satisfazer: a *exigência, no quadro da tipologia kantiana, de fundar em termos da teoria do conhecimento um conceito superior de experiência* [grifo meu][164].

E acrescenta que "a filosofia que nós esperamos deverá, justamente, ligar-se à tarefa de descobrir e iluminar claramente uma certa tipologia capaz de fazer justiça a um modo de experiência superior [*höhern Erfahrung*]."

Por outro lado, a crítica de Hamann a Kant, a *Metacrítica*, fizera já notar a Benjamin a insuficiência do conceito kantiano de experiência. O *Mago do Norte* fornece, em contrapartida, um modelo gnosiológico de recuperação dos componentes suprimidos pela teoria de conhecimento de Kant – com a sua cisão inconciliável entre entendimento e sensibilidade – essas "passagens" ignoradas por Kant e que "proíbem o conhecimento teórico sobre aquilo que vai além do sensível e do âmbito da razão"[165].

Isto é, Hamann faz ressaltar a necessidade da metafísica e, para ele, como também para Benjamin, será a linguagem que comporta uma dimensão modelar de experiência humana e que se sobrepõe certamente às cisões que o sistema kantiano inaugurara. Linguagem em todo o seu esplendor, tomada como mistério e Revelação, como veremos, mas também como reflexo da precariedade do conhecimento humano, cheio de lacunas. Se, por um lado, a linguagem aponta para a restauração da unidade, por outro, ela aparece-nos sempre na sua natureza fragmentária e inacabada.

Se, como vimos anteriormente, a experiência da época kantiana não tinha necessidade de metafísica, porém, tal facto não impediu a possibilidade de abrir uma perspectiva sobre a metafísica futura, que se constitui sobre a base de uma experiência superior. Se Kant havia levado a cabo uma purificação da teoria do conhecimento, "após Kant é possível e necessário encarar como um problema radical", um novo conceito, "não apenas do conhecimento, mas também e ao mesmo tempo, da experiência, conforme à relação descoberta por Kant entre os dois"[166].

Trata-se, assim, de formular um "novo conceito de experiência que seria fundado sobre novas condições do conhecimento" e que constituiria "o lugar lógico e a possibilidade lógica da metafísica". A marca decisiva da filosofia vindoura e da sua tarefa "pode ser entendida como a descoberta ou a criação do conceito de conhecimento que, ligando ao mesmo tempo o conceito de experiência *exclusivamente* à consciência transcendental, torna logicamente possível uma experiência, não somente mecânica, mas também religiosa."

Ou seja, tomar como base fundamental a consciência transcendental – que garante a possibilidade lógica do conhecimento e da experiência –, mas abri-la também à experiência religiosa e não a limitar ao conhecimento puramente mecânico. Se, já na concepção kantiana, "a lógica transcendental faz aparecer as ideias sobre as quais repousa a unidade da experiência",

> (...) um conceito aprofundado da experiência não se constituirá, como já o dissemos, se não se aliar a continuidade à unidade, e

> é nas ideias que deve revelar-se o fundamento da unidade e da continuidade de uma experiência que não seja nem vulgar nem somente científica, mas sim metafísica. É preciso estabelecer a convergência das ideias no conceito superior do conhecimento[167].

Por isso, a "grande transformação, a grande correcção à qual convém submeter um conceito de conhecimento orientado de forma unilateral para as matemáticas e a mecânica não é possível se não se puser o conhecimento em relação com a linguagem, como Hamann havia tentado fazer, mesmo enquanto Kant era vivo."

Assim, a ideia de que o conceito de experiência kantiano deve abrir-se à linguagem – como o havia preconizado Hamann – é a proposta de Benjamin para uma "abertura à experiência superior". Só a linguagem, enquanto da Revelação, apresentando o que de mais sagrado e íntimo existe na natureza humana, permite o acesso à verdadeira experiência. Só ela permite "afirmar a supremacia sistemática da filosofia sobre todas as ciências."

Que conceito superior de experiência é este que Kant, apesar de tudo, liberta, e que os neo-kantianos ignoram? É, com efeito, a "experiência religiosa e histórica" que se nomeia a *experiência metafísica*. Efectivamente Kant lega ao presente a possibilidade de um programa filosófico vindouro, o que dá a Benjamin a oportunidade de reconhecer, ao mesmo tempo, *a condição de possibilidade da abertura para uma experiência superior*[168]. Como Benjamin exige[169], vendo a hipótese de uma "reconstrução" do conceito de experiência, começar por "estabelecer o verdadeiro critério da diferença de valor entre as diversas espécies de consciência, tal será uma das mais elevadas tarefas da filosofia vindoura." Se bem que às espécies de consciência empírica correspondam outras tantas espécies de experiência, estas não possuem senão um valor de imaginação ou de alucinação. Precisamente por não ser possível nenhuma relação objectiva entre a consciência empírica e o conceito objectivo de experiência. A experiência que verdadeiramente interessa, ou seja, "toda a experiência autêntica repousa sobre a pura consciência (transcendental) definida no plano da teoria do conhecimento", se "o termo de consciência ainda é utilizável, uma vez despojado de todo o elemento subjectivo". Se bem que Benjamin aceite, da teoria kantiana, a questão do *a priori* e a própria consciência transcendental como condição da unidade do conhecimento, rejeita, no entanto, a diferença entre sujeito e objecto:

> A tarefa da futura teoria do conhecimento é de encontrar para o conhecimento uma esfera de total neutralidade em relação aos conceitos de sujeito e de objecto; dizendo de outro modo, trata-se de descobrir a esfera autónoma e originária do conhecimento onde o conceito não define de maneira alguma a relação entre duas entidades metafísicas[170].

É, portanto, a esta unidade da experiência – que não distingue objecto e sujeito – que Benjamin chama a "experiência superior". Encontrar as condições de possibilidade da experiência na estrutura transcendental do sujeito foi, com efeito, a grande originalidade kantiana, criando um conceito de experiência que se firmou num conhecimento objectivo, já que as condições de possibilidade se configuravam como universais e apriorísticas, no sujeito, garantindo o conhecimento objectivo, dando forma aos fenómenos empíricos a partir do espaço e do tempo. Formas puras e *a priori*, espaço e tempo conformam todo o dado, unindo-o na consciência do sujeito, conferindo ao conhecimento as suas características essenciais de objectividade e de universalidade e contribuindo, em definitivo, para um novo conceito de experiência. Se Kant nos fornece a possibilidade de um novo conceito de experiência que nos permite tomá-lo como base de um novo "ponto de abertura para a ideia metafísica da filosofia vindoura" ou um lugar lógico, então compreendemos a intenção benjaminiana de tentar criar um novo programa para a filosofia da história, com base no novo conceito de experiência. Qual a relação entre o conceito de história e de experiência?

Tal como aparecia aos olhos de Benjamin, a filosofia da história (tanto a teodiceia quanto a perspectiva positivista da mesma, assente na ideia do progresso) estava agonizante. Não só morta, acabada e ultrapassada, mas ela própria tinha o toque petrificador da medusa. Sobretudo a visão historicista do progresso, despojada de religiosidade, alienada na sua visão de um tempo homogéneo e sem possibilidade de renovação, um tempo irreversível. A possibilidade de encontrar um "lugar" onde assentar um ponto de fissura da história para uma nova visão da mesma, norteada por uma temporalidade messiânica, heterogénea e descontínua, situa-se precisamente no mesmo ponto em que se situa o ponto de abertura para um novo conceito de experiência, na filosofia vindoura[171]. Se o alargamento do conceito de experiência passa, como Benjamin havia notado, pela "grande transformação, a grande correcção à qual convém submeter um conceito de conhecimento orientado de forma unilateral para as matemáticas e a mecânica", isso não é possível senão através da linguagem como "ponte de passagem" entre o conhecimento e a experiência.

VI
A teoria benjaminiana da linguagem: crítica à teoria instrumental da linguagem e a defesa de uma perspectiva messiânica da linguagem

1. Proliferação de escolas e teorias sobre a questão da linguagem

Todo o debate em torno da questão da linguagem (e das línguas diversas) foi muito intenso no final do século XVIII e no início do século XIX. Os grandes avanços da filologia e o aparecimento da gramática comparada das línguas indo-europeias foram os principais factores que contribuíram para esse desenvolvimento e abertura da discussão. Daqui também o aparecimento da linguística moderna, a qual, por sua vez, desprezou a questão da origem da linguagem, tomando partido pela origem arbitrária dos signos, isto é, privilegiou a *tései* face à *physei*, a concepção da origem natural da linguagem. A aporia suscitada pelo *Crátilo* de Platão perde, assim, na linguística moderna, o pendor metafísico que lhe atribuíam Böehme, Leibniz, Hamann e Humboldt, para dar lugar a uma visão da linguagem como uma concepção onde os signos arbitrários se constituíam como objecto de estudo das novas teorias.

Foi Humboldt quem levou às últimas consequências a questão da diversidade das línguas, dizendo que as línguas individuais representam um meio de se objectivar o nosso conhecimento, pois a verdade encontra-se implicada na diversidade das línguas, pontos a partir dos quais a realidade se encontra articulada. O sujeito constrói, assim, a verdade através da sua língua particular, como um ponto de vista sobre o objecto.

Cada língua nacional encontra-se, deste modo, vinculada a uma visão peculiar do mundo. Próximo de uma concepção monadológica, como o notou Ernst Cassirer, ele afasta-se de Kant, Fichte, nem se reconhecendo nas teorias de Schelling e Hegel. Embora respirando a atmosfera da sua época, Humboldt era um clássico, que procurou retornar ao estudo das línguas antigas. Filólogo apaixonado, Humboldt desejava penetrar no problema das línguas, ou seja, no próprio coração da língua, procurando compreendê-las do ponto de vista do seu desenvolvimento e historicidade.

Como refere Philonenko, "Humboldt não crê numa língua originária, mãe donde se destacariam progressivamente, segundo a existência, as famílias das línguas derivadas." (Ibidem). Para Humboldt, o que determina a evolução e a metamorfose das línguas é essencialmente o contexto espiritual da nação em que o homem vive. Assim,

> (...) o estudo comparativo das línguas, a fundamentação rigorosa da diversidade de soluções de que se servem múltiplos povos para resolver a mesma tarefa, que enquanto homens lhes cabe, de edificação de uma língua, perderia o melhor do seu interesse se não se enraizasse precisamente no ponto em que a língua se interliga com a configuração específica da força espiritual de uma nação[172].

É do entretecimento da linguagem com o desenvolvimento espiritual da humanidade que se faz todo o seu desenvolvimento e "o poder [*Wirksamkeit*] específico e essencial duma língua, para o homem, relaciona-se directamente com a própria força criativa intelectual que atravessa o pensamento humano e é, num sentido extremamente profundo.

Actividade [*Energueia*] e não produto acabado [*Ergon*], a língua possui um carácter transitório, cuja possibilidade de metamorfose é infinita e não pode restringir-se à sua forma gramatical, convocando um uso múltiplo e infinito do seu material e das suas condições. Como diz Humboldt, "Em termos absolutos, na língua não pode haver material sem forma, já que nela tudo converge para um objecto definido, o da expressão do pensamento [*Gedankenausdruck*]"[173]. E se a linguagem conforma o "acto com que se tece a língua, o homem tece-se a si próprio nela", revelando a sua pertença ao espírito do povo[174]. Como vemos, o conceito de língua, em Humboldt, tem um alcance que não conhecia anteriormente e no qual Benjamin terá reconhecido um poder espiritual e metafísico inéditos.

É a linguagem que confere ao homem e revela a sua essência espiritual e se, como Benjamin pensa, a essência espiritual é idêntica à essência linguística[175] então a questão crucial do texto *Sobre a Linguagem* é precisamente o "problema da imediatez de toda a comunicação espiritual, que é o problema fundamental da teoria da linguagem", ou seja, o problema original da "magia da linguagem". Mas já não é, todavia, de

Humboldt que provém a questão da magia da linguagem e sim na teoria de Hamann e nas teorias cabalísticas da linguagem, como veremos.

O ano de 1915 foi marcado pelo começo da relação com Gershom Scholem. Benjamin retornou, então, a Munique e veio daí também o seu interesse profundo pelo romantismo, por alguns textos cabalísticos (é nesta época que conhece, por intermédio de Scholem, os textos de Joseph Molitor e de Franz von Baader)[176].

Gostaríamos de frisar, ainda, a continuidade do "projecto" benjaminiano – existente no início da sua obra filosófica – entre o texto *Sobre a Linguagem* (redigido em Novembro de 1916 e anexado numa carta que Benjamin enviara a Scholem) e o texto *Sobre o Programa* (como vimos, de 1917). A razão que nos leva a analisar esses textos na sua sequência é a persistência de um fio condutor que se manifesta em ambos os textos. Se, no texto sobre a linguagem, Benjamin defende uma concepção metafísica e mágica da linguagem, é essa mesma perspectiva (já desenvolvida em *Sobre a Linguagem*) que é exigida como ponto de abertura do conceito da experiência que ele defende no *Programa da Filosofia Vindoura.*

Só uma perspectiva metafísica da linguagem, pensada à maneira de Hamann, permitia ultrapassar a pobreza do conceito kantiano de experiência, no sentido em que é uma concepção metafísica da mesma que permite alargar o campo da experiência – que era exclusivamente newtoniana e mecanicista. Se Kant havia "perdido de vista que todo o conhecimento filosófico encontra o seu único meio de expressão na linguagem", de acordo com Benjamin, então o que se torna decisivo é introduzir essa correcção ou transformação, como Hamann já o havia feito, relativamente a Kant. E esta perspectiva metafísica da linguagem – que Benjamin propõe como correcção –, já ele próprio a havia desenvolvido no texto *Sobre a Linguagem.*

A função meramente comunicativa da linguagem e a visão instrumental da mesma, à semelhança da perspectiva mecanicista da experiência e do conhecimento, tal como ele se apresentava na época de Kant, são consequências de uma mesma concepção do pensamento filosófico da *Auflärung.* Se o conceito da experiência de Kant enferma dessa pobreza, como Benjamin o reconhece, também a teoria da linguagem que reflecte o pensamento dessa época é também uma "visão empobrecida" da mesma, o que mostra a necessidade da revisão da "concepção burguesa" da linguagem. Eis que o propósito benjaminiano nos aparece de uma forma muito clara: trata-se de devolver, quer ao conceito de experiência, quer ao da linguagem, uma "experiência superior", isto é, metafísica. Só nas teorias da linguagem, em que ela aparece como uma realidade metafísica, pode Benjamin encontrar o fundamento de que necessita.

Benjamin já conhecia profundamente a teoria da linguagem de Hamann, Humboldt e as concepções místicas sobre a linguagem, tendo-se dedicado à redacção do seu texto, a partir do Verão de 1916. Sabemos, pela correspondência de Benjamin entre Buber[177] e Scholem, que o convite de Martin Buber para colaborar na revista *Der Jude* foi a "provocação" derradeira que deu origem ao texto de Benjamin, onde ele expõe a Buber as razões pelas quais não pode concordar com o uso da linguagem como instrumento político (opondo-se ao apelo convicto à participação na Primeira Guerra, feito por Buber e reprova-lhe que coloque a sua escrita ao serviço desse intento). Além de reclamar para a literatura uma séria responsabilidade pela acção e ética humanas[178], atitude que se consolidou sobretudo após a trágica morte de Heinle, recusa totalmente a ideia de uma instrumentalização da linguagem ao serviço dos desígnios da política e da guerra. Contrapõe, nesta carta, o carácter instrumental da linguagem, "rebaixada ao nível do puro meio", ao carácter que defende ser o único legítimo: "Do ponto de vista da produção de um efeito, quer se trate de escrita poética, profética, objectiva, eu não a posso conceber senão como *mágica*, ou seja, não-*mediatizável*. (Ibidem)".

Percebemos que as sementes estão lançadas, não apenas para a constituição de uma teoria da linguagem - que será evidente no texto *Sobre a Linguagem* - , mas também para o esboço um "programa filosófico" que "corrigisse" os conceitos kantianos de "experiência", ou seja, que tornasse possível, a partir da correcção do conceito kantiano de experiência, abrir a via para uma metafísica e um plano superior da experiência humana. A afirmação de uma nova perspectiva da história, ancorada numa nova perspectiva da linguagem, só pode ter o seu ponto arquimediano numa correcção do conceito de experiência formulado por Kant, projecto que abandonou posteriormente. Foi bem essa ideia que Benjamin compreendeu, através da leitura de Hamann e dos primeiros românticos: o sopro de uma visão da história que se abrisse ao religioso e ao metafísico.

Também Giorgio Agamben[179] compreende a necessidade benjaminiana de fundar uma articulação entre o plano da história e da linguagem, Ainda que Agamben não nos fale de um "projecto" messiânico, no sentido que temos vindo a referir, seguindo uma linha de continuidade entre os textos de juventude e os mais tardios (veremos no capítulo da história), estabelece articulações entre vários textos de Benjamin que corroboram a nossa posição: nomeadamente o texto *Sobre a Linguagem*, *Programa da Filosofia Vindoura*, *A Tarefa do Tradutor* e algumas teses, em *Sobre o Conceito de História*. Agamben tece considerações de teor importante em torno do messianismo benjaminiano, mas deixa de lado textos onde a pretensão de Benjamin é bem clara, em torno desse projecto: *A Vida dos Estudantes*, *Para uma Crítica da Violência*, *Fragmento Teológico-Político*, já anteriormente analisados, redigidos em datas diferentes.

Se, numa primeira fase da obra de Benjamin, o desejo de constituir uma perspectiva messiânica se apresenta ambiciosamente, como temos visto, no entanto, ele vai-se desvanecendo nas obras posteriores, e reaparece no último texto, *Sobre o Conceito de História*, sob a imagem da redenção, quer da linguagem, quer da história, vista como catástrofe. Já não programa, repetimos, mas ainda a chama da redenção messiânica que Benjamin pretende para a linguagem e da história.

2. Scholem e Benjamin, uma relação privilegiada

Ainda antes de abordarmos os textos de Benjamin sobre a linguagem, torna-se necessário falar da presença fundamental de Scholem na vida de Benjamin. É sobretudo Scholem quem irá acompanhar de perto a redacção do texto *Sobre a Linguagem* e o primeiro a ter acesso ao texto, que Benjamin lhe terá enviado em anexo numa carta nesse ano de 1916, após a resposta negativa ao convite de Martin Buber para participar na revista *Der Jude*.

Quando se conheceram, Benjamin e Scholem eram ainda muito jovens (Scholem era seis anos mais novo que Benjamin) - Scholem tinha 17 anos, Benjamin 23 anos –, para dar início a uma amizade que iria perdurar de forma tocante, ao longo da vida de Benjamin. Marcado pelo carisma de Benjamin[180], que conheceu numa reunião entre os discípulos sionistas de Gustav Wyneken, numa sala do café *Tiergarten*, no Outono de 1913, diz dele:

> (...) a falar verdade, esqueci-me do teor preciso e os detalhes do seu discurso. O que eu não pude esquecer, pelo contrário, foi a sua maneira de falar. Ele discursava com uma grande intensidade, exprimindo-se de forma perfeita, sem olhar para o auditório. De facto, os seus olhos fixavam permanentemente um lugar ao fundo da sala, como se dirigisse a um auditor estranhamente colocado nesse sítio[181]

Após esse breve encontro em Berlim, voltarão a encontrar-se em 1915, para começar um dos mais interessantes diálogos da contemporaneidade. De facto, Scholem foi o autor que, na sua proximidade com Benjamin, mais contribuiu para nos dar um retrato fiel do homem, não apenas do intelectual, mas também dos seus traços mais característicos, de aspectos biográficos (e aqui o interesse é o da relação com a obra de Benjamin) e da própria tragédia que foi a sua vida. As suas obras *Benjamin e o seu anjo* [*Walter Benjamin und sein Engel*], *História de uma amizade* [*Walter Benjamin, Die Geschichte einer Freundschaft*], entre outros ensaios, bem como uma admirável correspondência que mantiveram ao longo de toda a sua vida, foram extremamente importantes para perceber vários aspectos do pensamento benjaminiano. A correspondência imensa entre ambos - além da restante correspondência - converteu-se num instrumento precioso de pesquisa do pensamento de Walter Benjamin.

Se atendermos ao facto de que a vida de Benjamin foi, toda ela, marcada pela adversidade constante (Benjamin tinha grandes dificuldades económicas e tinha uma vida muito instável, desse ponto de vista), a partir dos anos 20, a viver em França, podemos compreender como a amizade de Scholem amenizou a sua dramática existência. Mesmo quando já afastados pela profunda divergência do pensamento e pela aproximação de Benjamin ao materialismo histórico, Scholem guardou sempre um profundo respeito pelo pensamento do amigo. Gershom Scholem, como compreenderemos, ainda que grande admirador de Rosenzweig, tal como Walter Benjamin[182], afasta-se da perspectiva teológica de Rosenzweig, colocando o seu interesse na visão da história. Lançando um olhar sobre a tradição religiosa judaica, devolve-lhe a sua dimensão messiânica e apocalíptica. Num trabalho admirável e exaustivo, de um rigor assinalável, soube dar relevo às correntes religiosas subterrâneas, místicas, cabalísticas, heréticas e escatológicas que perpassaram nas teorias do princípio do século[183].

Afastando-se da ideologia assimilacionista da sua família, Gershom Scholem efectua um retorno às origens da tradição judaica, que o atraía mais do que a Benjamin, sob a influência crescente dos estudos sobre a cabala e a tradição do pensamento místico judaico. Tornou-se sionista com a idade de catorze anos, em 1911. Havia nesta época um sionismo jovem que crescia na Alemanha contra o anti-semitismo social de Guilherme II. Os judeus jovens, afastados da "cultura de juventude" da época, criticando a sociedade industrial e a cultura burguesa, "aspiravam romanticamente a uma nova comunidade «orgânica» e a um retorno à harmonia mítica do «Povo»"[184]. Era preciso retornar à origem da tradição, na tentativa de desenvolver a "ideia de uma comunidade fundada sobre a experiência interior", defendida por Buber, o qual se tornara uma figura carismática, tanto pelo seu carácter profético como pelo seu lado enigmático.

Mais pragmático que Benjamin, norteado por um pensamento político sionista e por um pensamento teológico que se aliou à missão da fundação do Estado de Israel, Scholem nunca teve a pretensão de ser um filósofo (ou um crítico), mas sim um pensador, que procurava na teologia judaica os principais fundamentos para a sua teoria. Porém, a grande originalidade da investigação e do pensamento de Scholem foi, sem dúvida, 'a redescoberta da cabala' e das doutrinas místicas desde a cabala até ao messianismo de Sabatai Savi (ou Zevi, como é mais conhecido).

A tradição cabalística e o misticismo judaico constituíram uma fonte importante da sua reflexão, numa secreta aspiração de "fundamentar" essa tradição em moldes mais científicos que místicos ou esotéricos. Os parâmetros sobre os quais devia assentar e renovar-se a tradição são, agora, de ordem política e histórica, e já não místicos. O que interessava a Scholem era menos o aspecto esotérico do que a metafísica, como o verdadeiro impulso ao estudo, pois o que o Scholem pretendia era tentar encontrar a resposta para questões às quais o racionalismo filosófico não conseguia dar a sua resposta. Era neste aspecto que o pensamento de Benjamin e Scholem se afastavam totalmente. Enquanto Benjamin persistia na reflexão sobre os conceitos filosóficos por excelência, mesmo recorrendo à mística da linguagem, à história do judaísmo ou aos conceitos de messianismo judaico que fizeram parte da sua juventude e dos seus primeiros textos, Scholem seguiu claramente uma via diferente, optando pelo estudo da cabala e da mística judaica, sobretudo do ponto de vista teológico e da história.

As perspectivas dos dois amigos, ainda que diferentes (Scholem é um historiador da cultura judaica e Benjamin um pensador filosófico), comungam em vários aspectos, sobretudo na visão crítica da história progressista e da história vista como continuidade homogénea. Há ainda um outro aspecto que os aproxima, que é o da história entendida como catástrofe, inversamente ao optimismo histórico então vigente. Stéphane Mosès percebeu bem o parentesco entre ambos, relativamente à concepção da história, mas nós gostaríamos de reforçar aqui os aspectos relativos à teoria da linguagem, que Scholem desenvolveu, embora não de forma tão ampla quanto Benjamin.

Na obra de Scholem sobre a teoria da linguagem cabalística, *Le Nom et les symboles de Dieu dans la mystique juive*, assalta-nos a perplexidade pelo facto de nos depararmos com aspectos tão próximos da teoria benjaminiana da linguagem. A razão é simples: ambos se debruçaram sobre o mesmo objecto, na mesma época, ainda que Scholem tenha penetrado mais na visão cabalística. Mas encontramos indubitavelmente grandes afinidades entre os dois autores.

Sabemos já que Benjamin enviara a Scholem (em Dezembro de 1916, como prenda de aniversário deste) uma cópia do seu texto *Sobre a Linguagem*, onde Scholem "vira" uma teoria análoga à da cabala. E Scholem, desde essa altura, considerara Benjamin um metafísico que tinha aderido às "concepções místicas da linguagem [*mystische Sprachvorstellungen*]". Na correspondência, chocado com o facto do amigo se ter afiliado ao marxismo, escreve-lhe numa carta, em 1931: "tu poderias ser uma figura de primeiro plano na história do pensamento crítico, o legítimo sucessor das tradições mais fecundas e as mais autênticas de Hamann ou de Humboldt"[185]. Scholem sentia que a sensibilidade de Benjamin para a metafísica se desviava do essencial, mas jamais deixou de o respeitar, apesar de reprovar a sua escolha.

3. Uma teoria cabalística da linguagem? A relação entre revelação e linguagem

Se as polémicas[186] de Scholem com Buber e com Benjamin passavam, em grande parte, pela reflexão sobre a tradição e pela história do judaísmo, incluindo nas suas discussões o messianismo, não podemos ignorar a importância central que Scholem atribuiu à linguagem e que o aproximaram da posição de Benjamin sobre a teoria da linguagem. Também Scholem recusava a visão burguesa e instrumental da linguagem e voltou-se para as teorias metafísicas da mesma.

É Scholem quem afirma que "na linguagem, os místicos descobrem uma dignidade, uma dimensão imanente ou, como se poderia dizer hoje, uma estrutura que não se encontra votada a comunicar o que pode ser comunicado. Pelo contrário, e esse é o paradoxo de todo o simbolismo, recai sobre a comunicação de um incomunicável desprovido de expressão. Mesmo que ele encontrasse uma expressão, não teria nem significação nem «sentido» comunicável."

Na medida em que a possibilidade de comunicar a tradição religiosa[187] depende, em última análise, da ideia que se tem da natureza da linguagem e da sua eficácia e poder para transmitir a revelação divina, então é do maior interesse seguir o diálogo alimentado por Scholem, tanto com Buber como com Walter Benjamin e, ainda que nenhum deles (Buber e Scholem), tenha jamais abordado os aspectos técnicos da filosofia da linguagem, formularam, no entanto, teses que desempenharam um papel fundamental nas suas perspectivas e desencadearam, também, uma resposta por parte de Benjamin – e que é essencialmente o que nos interessa considerar. Estamos a referir-nos essencialmente à carta que Benjamin redige em Julho de 1916[188] a Buber e que será objecto da nossa análise.

A teoria da linguagem de Scholem – desenvolvida muito tempo depois do ensaio benjaminiano *Sobre a Linguagem* – aproxima-se da teoria benjaminiana da linguagem. Scholem tinha sido decisivamente marcado pelo texto de Benjamin e a questão da linguagem era fundamental para ambos, na medida em que ela é o próprio solo a partir do qual se pode compreender e comunicar toda a experiência, mesmo a mística, que era o caso de Scholem, em particular. Todavia, como o sabemos também, Benjamin tinha-se familiarizado com as teorias místicas da linguagem de Hamann, de Böehme[189] e do Mestre Eckart. Scholem refere, como Benjamin, a importância da perspectiva de Johann Georg Hamann, numa relação directa com a religião e, essencialmente, a questão da Revelação, citando a mesma passagem de Hamann que Benjamin cita no texto sobre a linguagem. Ao referir-se a Hamann, e aos místicos da linguagem em geral, Scholem diz:

> "Eles tiveram consciência de um abismo, de uma profundidade na linguagem, que tomaram para si próprios a tarefa de avaliar (...) É na base das teorias místicas da linguagem no seio das religiões, é no ponto de partida em que a linguagem é considerada ser tanto a linguagem da Revelação como a da razão humana; é assim que Johann Georg Hamann caracterizou a tese fundamental da mística da linguagem com um laconismo soberbo: "Linguagem - pai da razão e da revelação, seu *alpha* e seu *ómega*"[190].

A contradição, vivenciada pelos grandes místicos da história, de uma experiência infinita que tende para o silêncio e a necessidade de partilhar e comunicar essa experiência, é vivida como uma contradição - a de dizer o inefável - e, ao mesmo tempo, como um anseio e uma aspiração da linguagem, que conhece as mais elevadas expressões na poesia e nos textos místicos. Face ao mistério da revelação e da essência da linguagem, tomada como realidade sagrada, a resposta humana é sobretudo da ordem de um estupor que paralisa o homem. A essência da experiência mística é o silêncio, esse limiar obscuro que luta por chegar à palavra, que quer chegar ao dizível, à manifestação.

Nas suas invectivas da juventude contra a "mística da experiência" de Buber[191], Scholem procurava afirmar a validade da história e da tradição para os judeus laicos. Por isso, ele adopta uma posição mais positiva, relativamente à linguagem considerada como o veículo da tradição. Contra a "mística do silêncio" de Buber, elabora uma teologia na qual a revelação e a tradição se constituem como as verdadeiras experiências linguísticas. Fundava, assim, a própria "autenticidade da tradição na eficácia da linguagem"[192], como bem o compreendeu o seu biógrafo. Porém, a sua intenção relativamente à linguagem fez com que os estudiosos de Scholem vissem nas suas teorias uma grande aproximação à teoria cabalística da linguagem, o que é compreensível dada a simultânea curiosidade do autor face à mesma.

Para Benjamin e sempre ressalvando as diferenças relativamente a Scholem, a linguagem é, ela própria, de origem divina e a experiência da revelação é, na verdade, uma *experiência da linguagem.* Assim, a importância das teorias místicas e cabalísticas da linguagem não é deixada de lado, mas foram sobretudo Hamann e Humboldt que o influenciaram. E Scholem, se bem que imerso nas teorias cabalísticas da linguagem, foi um leitor muito atento de Benjamin.

4. A "Teoria dos nomes" na filosofia da linguagem de Benjamin

> Mas o nome não é somente a última exclamação, é também a verdadeira interpelação da linguagem. Assim, aparece no nome a lei essencial da linguagem (...)[193].

Se a linguagem é uma matriz essencial, "essência íntima do mundo (...) de onde surgiu a palavra"[194], então aqueles que a consideram como uma colecção meramente arbitrária de signos[195] não compreendem a sua verdadeira natureza. Uma vez desaparecida a crença nos símbolos no mundo moderno, Benjamin acreditava ser a tarefa da filosofia (opondo-a à ciência) a de "restabelecer, na sua primazia, pela apresentação [*Darstellung*], o carácter simbólico da palavra, na qual a ideia chega ao seu autoconhecimento, que é o oposto de toda a comunicação orientada para o exterior."[196] Como iremos tentar mostrar, é nos nomes que se concentra toda a potência simbólica da linguagem, pois são eles que contêm, "a um nível incomparável do ser a mais íntima essência da própria linguagem"[197]

A linguagem é expressão de uma essência espiritual e esta mesma essência é comunicada *na própria linguagem*[198]. É, assim, "evidente desde o princípio que a essência espiritual que se comunica na linguagem não é a própria linguagem, mas qualquer coisa que convém distinguir." Mas o "que comunica a linguagem? Ela comunica a essência espiritual que lhe corresponde. É fundamental saber que esta essência espiritual se comunica *na* linguagem e não *através* dela. Não existe, então, nenhum locutor de linguagens se se designa assim aquele que se comunica *através* destas linguagens". Numa linha de pensamento que se vai desenvolvendo, Benjamin afirma que "toda a linguagem se comunica a si própria".

Esta afirmação corrobora a ideia de que partimos inicialmente, a da recusa da comunicação da linguagem para o exterior. É nesta acepção que ela é, no "sentido mais puro do termo, o «» da comunicação." (Ibidem) E o que é próprio deste carácter de «» é precisamente a sua imediatez, isto é, a sua magia. E se essa magia também lhe advém do "seu carácter infinito", aquilo que é comunicado *na* linguagem "não pode ser limitado ou medido de fora". Não são, assim, os conteúdos verbais que definem a linguagem, mas sim a "sua essência linguística"[199]. Vemos, aqui, claramente, a recusa da teoria linguística do signo e, em oposição a estas, Benjamin vai elaborar uma concepção metafísica da linguagem. As palavras dele são claras a esse respeito, quando afirma:

> Antes de proceder à resposta a esta questão, é preciso, mais uma vez, pôr isto à prova: como se comunica o ser humano? Há uma diferença profunda a fazer, uma alternativa a colocar, diante da qual a opinião essencialmente errada acerca da linguagem seguramente se trai. Será que o ser humano comunica a sua essência espiritual *mediante* os nomes [*durch* die Namen] que ele dá às coisas, ou será *n'*eles? [*In* die Namen] [sublinhado do autor].[200]

Aqui vemos a contraposição clara entre as duas concepções. O comunicar *através de* e o comunicar *nos* nomes. A primeira concepção, que implica uma exterioridade do homem relativamente à linguagem e ao nome, é recusada: "No paradoxo desta formulação interrogativa está contida a sua resposta. Quem acreditar que o ser humano comunica a sua essência espiritual *mediante* dos nomes [*durch* die Namen], esse não pode aceitar, por sua vez, que a sua essência espiritual seja o que ele comunica".[201]

Se a primeira concepção designa uma concepção *burguesa* da linguagem [*die bürgerliche Auffassung der Sprache*], a recusa de Benjamin visa essencialmente o seu carácter "insustentável e vazio". Esta perspectiva burguesa "consiste em dizer: o meio da comunicação é a palavra, o seu objecto é a coisa, o seu destinatário é o homem". Enquanto isso, a concepção metafísica, que Benjamin reclama, é "aquela que não conhece nem meio nem objecto, nem destinatário da comunicação. Ela diz: *no nome, a essência espiritual do homem comunica-se a Deus.*" [*In Namen teilt das geistige Wesen des Menschen sich Gott mit*] [*sublinhado do autor*].

É o nome que dá à linguagem o seu carácter divino, pois a linguagem foi atribuída ao homem como um dom (*Gabe*), que lhe permite nomear e reconhecer as outras criaturas como criadas por Deus. O nome arranca aquilo que nomeia à sua mudez, reconhecendo a coisa como criatura, neste sentido, se o homem nomeia as coisas, está também a comunicar a própria essência espiritual a Deus: como aquele que nomeia. Não procura um destinatário nem um meio de comunicar, *diz-se a si próprio*, na sua essência espiritual, a Deus, nomeando. Esta é a esfera da linguagem pura e imediata que, nomeando, se diz a si própria àquele que lhe concedeu o dom da linguagem. "O nome", diz Benjamin, "é a súmula desta totalidade intensiva da linguagem, enquanto totalidade da essência espiritual do homem" e, neste sentido, é enquanto totalidade que ele se "comunica a Deus". A criação divina não conhece o seu acabamento sem a nomeação humana, por essa razão, quando ele nomeia as coisas, enquanto senhor da natureza, comunica-se, *em* os nomes a Deus, na sua própria essência espiritual. Só por ele, ou melhor, *nele,* a linguagem fala, no nome. E comunica-se a quem? A Deus. Desta forma, o homem não só é o locutor da linguagem, como "é o único locutor da linguagem".

É esta, então, a concepção da linguagem que Benjamin exige, para fundamentar a sua perspectiva. Se ela é cabalística ou não, isso não é importante para nós, mas o facto pertinente é o modo como ele vai formular, à sua maneira, uma teoria que será verdadeiramente decisiva para o seu pensamento desde aí. Aliás, a aversão de Benjamin pela "equivocidade da teoria mística" aparece como uma advertência, no seu texto:

> Mas a recusa da teoria burguesa da linguagem por uma teoria mística é igualmente equívoca. Porque segundo uma tal teoria, a palavra é absolutamente a essência da coisa. O que é falso, porque a coisa, nela própria, não tem nenhuma palavra; criada a partir da palavra de Deus, ela é conhecida no seu nome segundo a palavra humana[202].

Esta ideia da linguagem nomeadora jamais será abandonada por Benjamin, como se verá. Neste sentido, a ideia de uma "teoria dos nomes", seja qual for a origem, é a matriz essencial do pensamento da linguagem benjaminiana. E é nele, no nome, que se concentra, ao mais alto nível, a essência íntima da linguagem, o nome tomado como "aquilo pelo qual nada se comunica e *no qual* a linguagem se comunica a si própria e de forma absoluta". Garantia da "essência espiritual" do homem, garantia, igualmente, de que é "nele que a essência espiritual do homem se comunica a Deus", é precisamente *o nome* a sua capacidade de nomear que o distingue de todas as outras criaturas.

É daí que surge a distinção benjaminiana entre a "linguagem humana" e a "linguagem das coisas" e é, sem dúvida, no nome que se concentra toda a "totalidade intensiva da linguagem como essência espiritual do homem" e é *nele*, também, que tudo se comunica. Se o nome concentra a totalidade intensiva [*die intensive Totalität*] da linguagem, enquanto essência espiritual do homem, por outro lado, contém igualmente "a totalidade extensiva [*die extensive Totalität*] da linguagem como essência que universalmente comunica." Desta forma, "só o homem possui a linguagem perfeita, tanto do ponto de vista da sua universalidade como do ponto de vista da sua intensidade"[203]

Partindo da análise do *Genesis* e ainda no contexto da linguagem nomeadora, Benjamin aborda, nesse texto, a questão da transformação da linguagem divina em humana. A sua preocupação, ao analisar o texto bíblico, afasta-se completamente de um projecto exegético, mas toma o texto bíblico como o "ponto de partida" para compreender a verdadeira natureza da linguagem, ou melhor, como Benjamin a pretende tomar para si.

Modo de diferenciação e individuação, o nome reconhece cada coisa e exprime, ao mesmo tempo, o poder criador divino, arrancando-as à sua mudez. *Através* dele nada se comunica e é *nele* que a própria linguagem se comunica, em absoluto. Enquanto "herança da linguagem humana", o nome "garante, portanto, *que a linguagem é pura e simplesmente* a essência espiritual do ser humano [sublinhado do autor]", reconhecendo-o na sua mais elevada essência. Mais do que isso: "entre todas as essências espirituais, só a essência espiritual do ser humano é inteiramente comunicável". É precisamente essa característica que "funda a diferença entre a linguagem humana e a linguagem das coisas".

A linguagem "só se expressa de modo puro, quando se expressa no nome, quer dizer: na nomeação universal"[204]. Desse ponto de vista – e do ponto de vista da universalidade e da intensidade – a linguagem nomeadora é perfeita e só o homem tem uma linguagem perfeita. Nele, essência linguística e essência espiritual são idênticas e, por essa razão, ela é, ao mais elevado grau, comunicável, na linguagem do nome, pela razão de que "não há um conteúdo da linguagem; enquanto comunicação, a linguagem comunica uma essência espiritual, isto é, comunica pura e simplesmente uma comunicabilidade."[205]

Como referimos anteriormente, ouvem-se fortemente os ecos de Hamann e isso, particularmente na questão da linguagem enquanto Revelação. Não é por acaso que Benjamin cita Hamann no ensaio *Sobre a Linguagem:* "Linguagem, a *mãe* da razão e *Revelação,* o seu A e Ω". É a "equiparação da essência espiritual e linguística que nos conduz e nos remete para a questão da Revelação. Diz Benjamin que "quanto mais profundo, quer dizer, quanto mais existente e real é o espírito, tanto mais exprimível e exprimido", corroborando o que diz a Buber, quando diz que "se deve eliminar o indizível da linguagem". Contrariando a ideia de uma equivocidade e da "existência de um indizível" que se encontra nas teorias místicas da religião, Benjamin afirma:

> (...) o conceito de Revelação quer dizer exactamente isto, se ele tomar a intangibilidade da palavra como a condição única e suficiente e como a caracterização da divindade e da essência espiritual que nela se exprime. O domínio espiritual supremo da religião é (no conceito de Revelação) ao mesmo tempo *o único que não conhece o inexprimível* [sublinhado meu]."[206]

E é no nome que se concentra que se concentra esse poder da Revelação, da pura comunicabilidade. Benjamin estabelece uma distinção entre a linguagem humana e a linguagem das coisas. Se no homem, pela sua capacidade nomeadora, a linguagem conhece a sua perfeição espiritual e a máxima intensidade, nas próprias coisas a linguagem não se expressa de modo perfeito. Elas são mudas por lhes ser negado o "puro princípio formal da linguagem - o som." Por isso, elas só podem comunicar umas com as outras de forma material, estabelecendo, entre elas, uma comunidade material. No entanto, esta comunidade é, ainda, mágica, pela razão de que ela é imediata e infinita. E não é comparável à linguagem humana pela razão de ser material, enquanto a linguagem humana é "imaterial e puramente espiritual". O nome é a possibilidade, oferecida por Deus como um dom, que o eleva acima da natureza, de arrancar as coisas à sua mudez. Tal é a magia da linguagem. As coisas "falam-nos", dizem-nos, imediata e infinitamente do que elas "nos" falam, elas "dizem-se" imediatamente no nome, em toda a sua intensidade.

Se a teoria da nomeação exprime uma concepção metafísica da linguagem, podemos dizer que é no nome próprio que se encontra concentrada a participação da linguagem humana à linguagem divina, ao mais elevado grau. A teoria do nome próprio, para Benjamin, que retoma algumas questões da mística cabalística, é "a teoria do limite entre a linguagem finita e infinita." Pois, entre todos os seres, o homem é aquele que Deus não nomeou, confiando-lhe a palavra como um dom. Segundo Benjamin, "o nome próprio é a palavra de Deus em sons humanos" e é precisamente graças à palavra de Deus que é "garantida para cada ser humano a sua criação por Deus", sendo "o nome próprio a comunidade do ser humano com a palavra criativa de Deus."

A nomeação é, assim, a tradução da linguagem das coisas – linguagem material – na linguagem do ser humano. E é precisamente nela que é preciso encontrar o fundamento da tradução, isto é, "é necessário fundar o conceito de tradução no estrato mais profundo da teoria da linguagem"[207]. É nesta passagem do texto que encontramos um elo de ligação entre a teoria da nomeação e a da tradução, o que nos permite concluir que a tradução transporta consigo o traço dos nomes. Se a traduzibilidade das linguagens umas nas outras é possível é porque ela se constitui como "o transporte de uma linguagem na outra, através de um *continuum* de transfigurações" e de metamorfoses que trazem em si os nomes como vestígios da linguagem nomeadora. Nessa medida, é à tradução que cabe redescobrir o poder nomeador da linguagem, pela apresentação, como veremos no capítulo relativo à tradução.

A nomeação é, não só a tradução da mudez das coisas em som humano, como é, em si, o resgate das próprias coisas, elevando-as à condição da linguagem humana. O nome, neste sentido, "redime" a própria coisa por lhe conceder um estatuto mais perfeito, por um lado, e, por outro, por lhe acrescentar algo: o conhecimento. E a objectividade da tradução das coisas na linguagem nomeadora é garantida por Deus, não pelo homem. É nesta objectividade divina, portanto, que se funda o conceito de tradução, como também a própria traduzibilidade.

Deste modo (e apesar de o texto *A Tarefa do tradutor* ser redigido anos mais tarde, em 1923), podemos concluir que já no texto *Sobre a linguagem* Benjamin se preocupava com as questões da legitimidade e do princípio da tradução e preparava, neste texto, a sua teoria da linguagem para servir de fundamento a uma teoria da tradução, essa sim, que aparece como uma verdadeira tarefa messiânica e que conduz à língua pura e messiânica. Mas se a expressão de tarefa messiânica não aparece, no texto *Sobre a linguagem,* como claramente desenvolvido, a teoria da nomeação (enquanto fundamento da linguagem) contém em si o germe de uma tarefa messiânica, que cabe à tarefa da tradução (re) descobrir, restaurando o poder simbólico da linguagem, o "índice secreto e messiânico" que ela traz em si. É esse o significado do último parágrafo do texto de *Sobre a linguagem,* pois quando Benjamin fala no *resíduo* da palavra criadora de Deus que atravessa toda a natureza e que o nome dá voz e, enquanto nomeia, salva-a no conhecimento, está certamente a falar no sopro de uma língua pura e divina que atravessa toda a natureza e que se diz no homem, no nome, de forma imediata e mágica.

A comparação benjaminiana da linguagem da natureza a uma "senha secreta que cada sentinela transmite à seguinte na sua própria linguagem", no final do texto *Sobre a Linguagem,* alude precisamente a esse índice messiânico que se oculta na linguagem, mas mais precisamente, na linguagem nomeadora e "originária". E, se "cada linguagem mais elevada é a tradução da inferior", então essa aragem messiânica, sibilina e vigilante, perpassa toda a linguagem, cabendo à tradução a redescoberta do poder messiânico e simbólico da palavra. Benjamin fala na "derradeira claridade" em que "se descobre a palavra de Deus", sendo que esta é a "unidade deste movimento da linguagem" (Ibidem). Essa unidade, convém que se diga, é a unidade da língua pura, aquela que é o alvo de toda a tradução. Isto é, a língua messiânica, que só a história das línguas deixa entrever, nas metamorfoses operadas pela tradução.

5. Linguagem, conhecimento e história

> Hamann diz: «Tudo o que o homem ouviu no começo, viu com os olhos [...] tocou com as suas mãos, era [...] palavra viva; pois Deus era a palavra. Com esta palavra na boca e no coração, a origem da linguagem foi tão natural, tão próxima e tão fácil como um jogo infantil.[208]

Se o jogo infantil se desenha no círculo mágico que ele próprio cria, revelando uma leveza e uma liberdade inéditas, a passagem benjaminiana alude precisamente a esse "espaço mágico" que os nomes criam, definindo uma linguagem perfeita que exprime o próprio conhecimento perfeito.

Como o próprio Benjamin o afirma: "A língua do homem no paraíso deve ter sido a do conhecimento perfeito, ainda que mais tarde, mais uma vez, todo o conhecimento se tenha diferenciado do infinito".[209] Esta é, sem dúvida, a *língua pura* (*Reine Sprache*) e originária

(*Ursprache*), cujo poder mágico lhe confere, não apenas a possibilidade de *nomear*, acabando a criação, mas, também, a possibilidade de *conhecer* as coisas[210]. Uma forma (não devemos esquecer esse aspecto) ou o modo como o homem se comunica a Deus. Esta indissociabilidade, na linguagem, entre a criação e o conhecimento, *no* acto nomeador, entre o verbo e o nome, é o que Benjamin chama "o puro «médium» do conhecimento" e que apenas cabe a Deus:

> Em Deus o nome é criador, porque é palavra, e a palavra de Deus é palavra porque conhece, porque é nome. (...) A relação absoluta do nome com o conhecimento não se encontra senão em Deus; só nele se dá o nome puro do conhecimento. Ou seja, Deus fez as coisas cognoscíveis nos seus nomes; mas o ser humano nomeia-as, à medida que as conhece"[211].

A linguagem revela também a condição do homem na sua liberdade essencial. Deus não quis submetê-lo à linguagem, "mas no homem Deus libertou a linguagem que lhe tinha servido, a Ele, de «médium» da Criação. Esvaziado da sua actualidade divina, este poder criador tornou-se conhecimento". O conhecimento humano exprime assim a "essência espiritual do homem" *na e pela linguagem.* Exprime-se *na linguagem* a sua própria liberdade, no sentido em lhe é conferido, não apenas o poder de nomear, como também o poder de conhecer, à medida que nomeia. A experiência humana constitui-se, segundo esta ordem de ideias, e através da linguagem, no máximo grau de experiência que ao homem é dada.

6. A *hora natal* da linguagem e o saber do juízo; a rememoração enquanto poder de apresentação simbólico das ideias e dos nomes da linguagem

> O saber do bom e do mau abandona o nome, é um conhecimento que vem de fora, a imitação não criadora da palavra criadora. Neste conhecimento, o nome sai de si próprio: o pecado original é a hora natal da *palavra humana* [sublinhado do autor],na qual o

> nome já não vivia intacto, a palavra que deixou a linguagem do nome, a linguagem cognoscente, podemos dizê-lo: que deixou a magia imanente originária.[212]

De acordo com a segunda significação que Benjamin lhe assinala, com o saber do juízo, introduz-se uma nova "imediatez" na linguagem que, anteriormente, não a conhecia. O ser humano abandona a imediatez do nome e este é efectivamente o momento que marca a queda da linguagem, mas, como se houvesse "uma restituição da imediatez do nome", surge a "magia do juízo". Esse índice mágico reside, ainda nas palavras, ainda que já não sejam nomes: "A sua magia é diferente da do nome, mas não é menos magia". Da mesma forma que a pureza não abandona a linguagem: "No pecado original, onde foi lesada a eterna pureza dos nomes, eleva-se a mais rigorosa pureza da palavra que julga, do juízo". Magia de uma outra ordem, como também a pureza é de outra ordem.

Quanto à terceira significação, que se prende intimamente com a segunda, tem a ver com o aparecimento da abstracção. A dimensão concreta da linguagem que, anteriormente, era a sua essência, a da linguagem nomeadora, dissipa-se, para dar lugar à comunicabilidade própria da abstracção. É "julgando que se instalou essa imediatez na comunicação da abstracção, quando o ser humano, pelo pecado original, abandona a imediatez na comunicação do concreto"[213]. Embora a abstracção seja uma comunicação mediata, relativamente às coisas, que não pode nomear, ela é imediata relativamente ao saber do juízo, é-lhe intrínseca. A abstracção prende-se com um conhecimento, que é o da lei e do direito, também.

Perda e *nostalgia*, por um lado: eis o significado da queda. Por outro, uma nova ordem de conhecimento é fundada, a que diz respeito ao juízo e à linguagem humana, a que faz nascer o tempo, a história e tudo o que nos é comum. Benjamin não se detém no lamento, por isso, ele refere uma outra magia, a magia do juízo, sobre a qual toda a ordem actual dos nossos valores se construiu. Mas é essa magia, que conserva o índice secreto dos nomes, que nos abre a possibilidade de uma tarefa messiânica. É na tradução, por um lado, como veremos no texto *A Tarefa do Tradutor*, e na filosofia, mediante a rememoração e a apresentação que se leva a cabo a restituição da linguagem nomeadora. A tradução das linguagens umas nas outras permite que o sopro da linguagem pura e nomeadora alcance o seu desenvolvimento pleno, no termo messiânico da história das línguas.

No texto *A Origem do Drama Barroco Alemão,* a tarefa messiânica cabe à *rememoração* [*Eingedenken*], na procura de (re)despertar o poder simbólico dos nomes, que se encontram escondidos, como tesouros no fundo do mar, eis o que concentra o essencial da tarefa do filósofo. Mais do que confundir as palavras de Benjamin com uma nostalgia vaga (e estéril) devemos ler nelas a promessa messiânica que se desenha no horizonte do seu pensamento. Um pensamento essencialmente lúcido e crítico, que se pretende profundamente político e activo. A ideia do redespertar, da rememoração – que se desenha muito claramente, já, na sua obra *Origem* – conhecerá os mais amplos desenvolvimentos na sua obra posterior, nomeadamente no *Livros das Passagens,* em *Charles Baudelaire, um poeta lírico no apogeu do capitalismo,* bem como no seu texto sobre a obra de Marcel Proust.

Eis aqui o que nos importa e que é também um elemento-chave da nossa procura: é à rememoração[214] que cabe a tarefa de redescobrir a magia dos nomes, por um movimento de intensificação simbólica que é, por ela, efectuado: "Na nomeação, as ideias são destituídas de intenção, a contemplação filosófica é o lugar da sua renovação. Nesta renovação reconstitui-se a percepção original das palavras." Se o sopro da linguagem adâmica percorre, ainda, a linguagem como um canto secreto, então cabe à filosofia a tarefa de o tornar audível, tal como o vento desperta a harpa eólica.

Se retomarmos o fio do pensamento benjaminiano, pela leitura atenta dos seus textos e pelo desenvolvimento claro das linhas que constituem o seu pensamento, vemos com nitidez o seu objectivo: levar a cabo "um projecto messiânico", não num sentido teológico ou místico, não entendendo a filosofia como revelação ou exegese teológica, mas sim, o de redescobrir um sentido novo para a tradição do pensamento. Um sentido novo para a linguagem, mas também um sentido novo para a perspectiva da história, combatendo o historicismo vigente.[215] Um sentido novo, como veremos, já de seguida, para a tradução, conferindo-lhe um estatuto verdadeiramente simbólico, que ela havia perdido.

VII
Uma nova teoria da tradução: a "passagem secreta" para a linguagem messiânica

1. Tradução: o enclave entre a nostalgia e a promessa da língua pura [*reine Sprache*]

> *Os tradutores podem ser comparados a alcoviteiros diligentes que nos exaltam uma bela mulher semi-velada como altamente digna de amor, excitando em nós um irreprimível desejo de experimentar o original.*
> Goethe, *Máximas e Reflexões*, máxima 299, p. 75.

Aos olhos de Benjamin, o texto *A Tarefa do Tradutor* integrava-se, como já vimos, num quadro mais vasto, que era o de uma nova *teoria da linguagem*. Se, no capítulo anterior, compreendemos que a teoria da nomeação é um dos pontos capitais deste quadro conceptual, não podemos esquecer que o conceito benjaminiano de tradução ocupa uma posição absolutamente central na sua obra[216].

Pela leitura da carta de Benjamin, pressentimos que ele está ciente da importância do seu objecto de estudo e impaciente por desenvolvê-lo com amplitude. A razão não nos é estranha, pois o tema havia sido estudado por ele nos textos dos primeiros românticos, que viam na tradução um problema fundamental[217]. O seu estudo sobre o conceito de crítica permitira-lhe entrever a questão da tradução como um dos mais espinhosos problemas, mas, ao mesmo tempo, uma porta de entrada para uma metafísica da linguagem. A própria leitura dos textos de Goethe, sobre a tradução, também havia despertado nele o desejo de reformular as tradicionais teorias da tradução, seguindo-lhe essa leitura na *Tarefa do Tradutor.*

Já no texto *Sobre a linguagem em Geral e da linguagem humana,* a linguagem é, para Benjamin, essencialmente tradução: "todas as linguagens são traduzíveis umas nas outras. A tradução é a passagem de uma linguagem à outra por uma série de metamorfoses contínuas"[218].

Não é possível, no meu entender, aceder a uma profunda compreensão d'*A Tarefa do Tradutor* sem articular a sua leitura com o texto *Sobre a linguagem em Geral e da linguagem humana.* Na verdade, é nas últimas páginas deste texto que o problema da tradução conhece as suas primeiras formulações, as quais serão, posteriormente, desenvolvidas. Se a natureza, na sua mudez, acede ao nome, tal acontece porque a linguagem inferior da natureza é traduzida numa linguagem superior[219]. E o que permite a tradução, no entender de Benjamin - relembre-se o final do texto da *Sobre a linguagem,*

A nomeação é, como vimos anteriormente, a tradução da linguagem das coisas - linguagem material - na linguagem do ser humano. E relembramos que é nela que é preciso encontrar o fundamento da tradução, isto é, "é necessário fundar o conceito de tradução no estrato mais profundo da teoria da linguagem"[220]. É nesta passagem do texto que encontramos um elo de ligação entre a teoria da nomeação e a da tradução, o que nos permite concluir que a tradução transporta consigo o traço dos nomes.

Benjamin aponta-nos uma série de trilhos que devemos seguir, para um entendimento fecundo do seu texto. O facto de partir de uma recusa da teoria da recepção dá-nos logo o mote: quer a obra, quer a tradução não podem ser definidas em termos de comunicação. Também a teoria da recepção da obra insistia neste aspecto: a questão da comunicação. Daquele ponto de vista - e não aos olhos de Benjamin - "a linguagem é um instrumento de comunicação, a obra é uma comunicação, uma mensagem e a tradução a transmissão interlinguística desta comunicação. Assim, certos teóricos fazem da tradução a «comunicação de uma comunicação»"[221]

A Tarefa do Tradutor coloca-se nos antípodas desta posição, da mesma forma que Benjamin já se posicionara contra a teoria da linguagem instrumental, no ensaio *Sobre a Linguagem.* A coerência do percurso benjaminiano, insistindo na ideia de uma teoria da linguagem, adivinha-se claramente aqui, logo no início do texto. E é justamente nesse sentido que ele caminha, quando afirma, no mesmo parágrafo: "nenhum poema vale para o leitor, nenhum quadro para o espectador, nenhuma sinfonia para o auditório". De forma alguma isso significa que o autor seja alheio à sua recepção, mas sim, que a obra não é realizada em função de uma qualquer recepção. O facto de uma obra depender do receptor, nesta posição, transforma-a, de imediato, em obra secundária. Ao mesmo tempo, na óptica, de Benjamin – enquanto recusa da teoria da recepção – , ele faz valer a "pureza" da obra de arte (e da tradução) e a pureza da linguagem, aquela que não conhece a "subserviência" da comunicação.

Esta ideia encontra-se reiterada no segundo parágrafo:

> Mas o que «diz» uma obra literária? Que comunica ela? Muito pouco, para quem a compreende. O que ela tem de essencial não é comunicação, não é mensagem. Uma tradução que, entretanto, procura transmitir não poderia transmitir senão a comunicação, e, portanto, qualquer coisa de não essencial. É, aliás, um dos sinais pelos quais se reconhece a má tradução[222].

Este é o ponto de viragem no qual assenta o texto de Benjamin. Uma nova teoria da tradução que assenta, também, numa teoria da linguagem nomeadora (e não-instrumental). Se, como vimos no texto da linguagem, a comunicação era um abastardamento da essência da linguagem, então, uma teoria da tradução que assenta sobre uma perspectiva meramente comunicativa reflecte em si a decadência da linguagem, a "queda" daquela, contaminando a própria tradução. E é precisamente neste sentido que se orienta o texto de Benjamin, pretendendo, assim, fundar uma nova teoria da tradução. Note-se, porém, que esta concepção da tradução não é meramente especulativa e teórica, mas ele visava responder verdadeiramente aos problemas que lhe eram colocados pela questão da tradução e procurar uma resposta que pudesse ser aplicada – o facto de o texto ser o prefácio de uma tradução que ele próprio levou a cabo revela esse desejo.

Mas o que é, então, a tradução? "*A tradução é uma forma*. Concebê-la como tal implica retornar ao original. Porque no original está a lei da sua forma, enquanto contida na sua traduzibilidade"[223].

O que entende Benjamin por «forma»? Estará ele a dizer-nos que a tradução literária é uma forma literária? Parece-nos que não é esse exactamente o sentido das suas palavras. Encontramos nesta passagem o eco das palavras dos Primeiros Românticos (Friedrich Schlegel e Novalis)[224] e Goethe, na sua procura obstinada de um modelo que explicasse a metamorfose das plantas, o qual seria identificado na formulação da ideia de *Planta Originária* [*Urpflanze*]. A tradução – para Benjamin – é um certo tipo de organismo, regulada, como ele próprio o diz, por um princípio de organização, isto é, uma *lei*. E é justamente esta *lei* que se constitui como a sua condição de possibilidade.

Tal como o entendia Goethe, ao dizer que a *Urpflanze* continha em si a lei da metamorfose, também o original da obra contém em si – é-lhe imanente – a lei que é a *traduzibilidade* do original. É, assim, o original "que contém a lei desta forma". É nela que se oculta o segredo da sua *traduzibilidade* [*Übersetzbarkeit*], isto é, do seu desenvolvimento interno, na travessia para uma outra língua que lhe é estrangeira.

Neste sentido, o original é a forma primeira que pode engendrar a tradução[225]. É matriz, mas é também forma que contém a lei – a traduzibilidade – do seu desenvolvimento posterior, isto é, da vida da obra. Quando dizemos "que certas obras são, por essência, traduzíveis, isso não significa que a tradução é essencial para elas, mas sim que a sua traduzibilidade (...) é imanente aos originais" (Benjamin, *Gesammelte Schriften* IV, 1972, p. 11).

Por melhor que uma tradução seja, não pode nunca significar algo para o original. Porém, original e tradução ligam-se por uma "correlação de vida"[226], uma correlação que é tanto mais *íntima* (*innig*)[227] para o original quanto já não tem significação, isto é, quando ela "já nada significa para o original". Ela é puramente autónoma e exterioriza-se na sua traduzibilidade. Se a tradução é uma «forma», então o domínio das formas é, à maneira goethiana, o das metamorfoses, que se constituem como autotransformações da forma. Essa vida não existe senão na metamorfose. A tradução, de acordo com Benjamin, já nos aparece no texto *Sobre a Linguagem,* como "a passagem de uma língua a outra por uma série de metamorfoses contínuas".

Assim, dizer que a tradução é uma «forma» é afirmar que ela é uma certa metamorfose do original – e não uma transformação exterior à obra. E o princípio pela qual ela passa da obra à tradução é a sua «traduzibilidade», como vimos. Benjamin está, aqui, a pensar numa traduzibilidade radical e absoluta, que é própria da obra.

Mesmo que as obras não tenham sido, ainda, traduzidas, o facto de a tradução ser uma *forma* – que implica metamorfose e passagem –, "a traduzibilidade deve ser essencial a certas obras". Faz parte do próprio movimento essencial à vida da obra. É a traduzibilidade do original, essa lei secreta do seu desenvolvimento, que estabelece a mais estreita relação entre o original e a tradução.

O espaço da tradução é, assim, o da vida da obra. Não se trata da vida no sentido puramente biológico, mas da vida enquanto *historicidade* da obra, tomada, não como um puro movimento de mudanças lineares e contínuas, mas como um processo de metamorfoses e de passagens, que engendram o desenvolvimento da obra. É preciso pensar a «vida da obra» como uma dimensão que não é redutível ao ciclo pré-determinado e puramente instintivo, mas sim que pertence à própria codificação histórica das obras e das línguas. É esta dimensão, a da *vida histórica da obra*, que Benjamin coloca precisamente como suposto da tradução. Longe de se limitar à comunicação de um conteúdo de significações numa língua estrangeira, a tradução exprime "a relação mais íntima entre as línguas". Esta relação de intimidade entre as línguas, com a qual se confronta o tradutor, não se torna possível senão existir entre elas uma «convergência original» [*eigentümlichen Konvergenz*]: "Aquela relação íntima pensada entre as línguas é a de uma convergência particular. Ela consiste no facto de as línguas não serem estrangeiras umas às outras, sendo aparentadas naquilo que querem dizer e isto a priori." (Ibidem).

Se, por um lado, a tradução é apresentação [*Darstellung*] da obra, fazendo descobrir a pertença recíproca entre o original e a própria tradução, descobrindo, pela traduzibilidade, a «vida histórica» do original, por outro lado, ela é também, a descoberta de uma relação, de um parentesco entre as línguas, no sentido em que elas apresentam em si um ponto de convergência. Há um «querer-dizer» [*Das Meinen*]. Anuncia-se, neste ponto, a tensão simbólica que unifica as línguas e que constitui o ponto fulcral da análise do problema essencial da tradução.

É, precisamente, este apontar para um "ponto comum" que age secretamente no interior das línguas e as faz elevar acima da sua condição dispersa. A finalidade da tradução é, precisamente, a apresentação desse «comum» que se esconde nas línguas, como a revelação da relação entre as línguas, isto é, entre a língua que traduz e a língua traduzida. Neste sentido, a tradução é *dupla* na sua operacionalidade: como tradução das obras *e* tradução das línguas – descoberta da sua relação de intimidade.

Do ponto de vista histórico, as línguas são aparentadas, ou por filiação ou, então, por contacto. Estabelecem-se entre elas relações de semelhança, certamente, as línguas tocam-se, mas o que Benjamin quer dizer, na verdade, é que "as línguas são parentes *a priori*, ou seja, elas são aparentadas ontologicamente, naquilo que elas 'querem-dizer'". É aqui que Benjamin se afasta, também, das teorias tradicionais da tradução. Se a teoria tradicional assenta sobre o "parentesco linguístico", produzido pela «semelhança», Benjamin desfaz este equívoco, mostrando que o "parentesco linguístico" existe, mas *ele funda-se sobre um outro parentesco,* que é de ordem ontológica: o "querer-dizer" das línguas, aquilo que nelas ressuma, como o seu mais secreto anseio – messiânico – como veremos no próximo capítulo.

No entanto, ainda que não se possa produzir esta relação de intimidade entre as línguas, pode-se «apresentá-la». Ao mesmo tempo, ao apresentar esta relação de intimidade entre as línguas, cumpre uma outra dimensão, que lhe é subjacente: apresenta a vida da obra, no seu sentido histórico, a sua vida superior *Überleben,* permitindo que a obra ultrapasse a finitude da sua língua para aceder a uma linguagem superior – a *Língua Pura*. Neste sentido, a tradução salva a obra, assegurando-lhe uma vida póstuma.

2. O parentesco secreto das línguas

Comecemos pela advertência de Benjamin: "Se, na tradução, o parentesco das línguas se anuncia, é completamente diferente da vaga semelhança entre o original e a sua reprodução [*Nachbildung*]"[228]. O parentesco de que Benjamin nos fala não é o da "semelhança". Por outro lado, ele afasta também o parentesco fundado sobre uma origem comum das línguas.

O parentesco das línguas é "histórico". Como, por exemplo, o parentesco entre as línguas latinas, entre si, o que lhes dá um "ar de família". Mas ainda não é nesse parentesco que Benjamin está a pensar e sim num parentesco "supra-histórico" [*überhistorische*]:

> Qualquer parentesco supra-histórico consiste, antes, no facto de, em cada uma delas, enquanto uma totalidade, se querer dizer o mesmo; isto não é alcançável, todavia, por nenhuma delas isoladamente, mas unicamente na totalidade das intenções que se completam umas às outras: na língua pura [*die reine Sprache*][229].

Eis-nos no coração da expressão central da *Tarefa do Tradutor,* a *língua pura* [*die reine Sprache*]. Foco de todas as línguas, é precisamente a *língua pura* que todas as línguas "querem-dizer". É, precisamente, para este "ponto focal" (*Brennpunkt*)[230] que todas as línguas convergem:

> Nas línguas tomadas uma a uma e, portanto, incompletas, o que elas querem dizer não pode nunca ser atingido de maneira relativamente autónoma, como nas palavras ou nas frases tomadas separadamente, mas é submetido a uma metamorfose constante, até que ressalte, como língua pura, da harmonia de todos os modos do querer-dizer.[231]

O "querer-dizer", ou melhor, o que cada língua quer dizer [*meint*], remete-nos para algo que é ansiado e percorre a língua como um sopro. E este *querer-dizer* único, que existe em todas as línguas, de forma oculta e à espera de emergir da "harmonia de todas as línguas" é precisamente o que Benjamin chama "o fim messiânico da sua história" (Ibidem, p. 14). Abre-se, assim, a possibilidade messiânica enquanto a tarefa do tradutor, por excelência:

> Mas se estas (as línguas) crescerem até ao fim messiânico da sua história, então é a tradução que se inflama [*entzündet*] na eterna persistência vital das obras [*Fortleben der Werke*] e no renascer infinito [*Aufleben*] das línguas, que há-de sempre, de cada vez, pôr à prova o santo crescimento das línguas (...)[232].

A tradução inflama-se pela persistência vital das obras e no renascer infinito das línguas. É preciso notar esta vida infinitamente remanescente das línguas que se manifesta na vida continuada das obras. Elas aparecem intimamente entrelaçadas. É na medida em que a tradução é o pôr à prova da vida das línguas que ela toma sobre si um saber: o da proximidade da língua pura, que se desenvolve e amadurece nas línguas.

É na passagem que vem a seguir que nós encontramos uma relação com a questão da Revelação. Se a tradução apresenta o parentesco das línguas, se é ela que atesta o "santo crescimento" das línguas, então ela mediatiza um outro crescimento que é o das "religiões":

> Em qualquer dos casos, é de admitir que qualquer tradução é apenas um modo efémero de nos confrontarmos com a estranheza

das línguas. Permanece negada ao homem uma solução desta estranheza que não seja temporal e provisória, não lhe é permitida uma solução instantânea e definitiva ou, pelo menos, ele não pode aspirar a ela directamente. Indirectamente, no entanto, consegue-o o crescimento das religiões, que amadurece nas línguas a semente escondida de uma língua mais elevada. (...) Nela (na tradução) o original ascende por assim dizer a uma atmosfera da língua mais elevada e pura (...)[233].

Quando Benjamin fala de religião, neste contexto, está a referir-se à "religião revelada". A dimensão da *Revelação* é, assim, constitutiva na linguagem, isto é, "cumpre-se na linguagem". Cada língua transporta em si um "querer-dizer" que é da ordem da Revelação, também. A vida da religião está, por um lado, ligada ao comentário, mas também à tradução, como a tarefa de levar a cabo um crescimento das próprias religiões. É visível, em Benjamin, desde muito cedo, a sua preocupação relativamente às questões da tradução e do comentário, a reflexão, também, relativamente à questão da Revelação[234]. E a tradução, como Benjamin o sabe bem, é um acto essencial na vida da religião, precisamente pela tradução dos textos religiosos. A palavra da Revelação não pode habitar somente uma língua, necessitando, para isso, da passagem entre as várias línguas, como "pontes secretas", que fazem passar a palavra da Revelação.

Assim, se adivinha também a possibilidade da *redenção messiânica* das línguas prolíferas. A tensão do "querer-dizer" perpassa nelas como o seu sopro vital, exprimindo a tensão das línguas, numa tensão para a *língua pura*:

> Permanece em toda a linguagem (...), fora do comunicável, um incomunicável, qualquer coisa que, segundo o contexto onde se desenvolve, é simbolizante ou simbolizado. Simbolizante somente nas obras acabadas da linguagem; mas simbolizado no próprio devir das línguas. E o que procura representar-se e instaurar-se no devir das línguas, é o núcleo da língua pura.[235]

O *querer-dizer* [*das Meinen*] e também o modo de querer dizer reenvia sempre e inevitavelmente para a *língua pura*, não como um conceito finalista, mas como um anseio que se repete e se reactualiza, de modo constante, nas línguas, agindo nelas secretamente e a cada instante. Essa semente, aquilo que é "simbolizado" no próprio devir das línguas, é a língua pura. As línguas movem-se assim, atraídas para a língua pura (é pois a tradução que apresenta e actualiza esse segredo) que nelas se oculta como um "incomunicável" porque simbolizado. As línguas visam o seu "repouso simbólico", isto é, todas querem-dizer a *língua pura*, a que já nada quer-dizer ou comunicar.

Para Benjamin, a multiplicidade das línguas aparece-lhe como fragmentação, daí que ele recorra à metáfora do vaso[236], dizendo que cada língua é *Bruchstück*, isto é, fragmento. Enquanto tal, a multiplicidade das línguas reenvia a um todo, a uma língua "maior". Ainda que dissemelhantes entre si, os "fragmentos" deste vaso podem-se completar (e harmonizar) até à formação do todo. Trata-se de procurar alcançar a "língua pura" que se encontra na língua à espera do seu pleno desenvolvimento. Paciente, exactamente como o fruto ou a flor, que esperam a maturidade plena.

A *língua pura*[237] não é uma categoria abstracta para Benjamin. É, pelo contrário, adâmica, nomeadora, como insistem Giorgio Agamben e, também, Antoine Berman – e a língua que há-de vir[238]. Numa interpretação de Berman[239], o autor insiste na relação benjaminiana entre a *língua pura*, como língua original, a língua de origem adâmica

A *língua pura* é aquela que não transmite conteúdos, que não é um meio de comunicação, a que conhece a mais plena dignidade. Poderíamos, ainda, expressar a formulação desse desejo, segundo as próprias palavras de Agamben: "(...) todas as línguas querem dizer a palavra que já não quer dizer"[240]. Aquilo que permanece de indizível nas línguas humanas, como nota a perspectiva de Agamben, o que não é dito ou o indizível, inscreve-se no querer-dizer das línguas, que é condição do devir das línguas. Porquê? Porque elas "movem-se" para a *língua pura* como o seu anseio mais luminoso, aquela em que a palavra é não-expressiva (*ausdrucksloses Wort*): "(...) Nesta linguagem pura que não visa mais nada nem exprime mais nada, mas é palavra não-expressiva e criadora, aquilo que é visado em todas as línguas" (Benjamin, *Gesammelte Schriften* IV, 1972, p. 19).

O tradutor deve, assim, tentar trazer para a sua língua o eco da língua da qual ele traduz, vinculado ao trabalho da "restauração" da *língua pura*, despertando-a. Numa carta a Scholem, a propósito da tradução de Píndaro, levada a cabo por Hölderlin, fala mesmo do amor de Hölderlin pelo acto de traduzir (Benjamin, *Briefe* I, 1993, p. 142). A tarefa do tradutor é, assim, uma tarefa "amorosa", no sentido em que luta por salvar a língua, por amor e fidelidade às mesmas. Longe de aplanar as diferenças entre as línguas, a tradução mede-se por aquilo que as torna as línguas estrangeiras umas às outras e converte-se numa tarefa infinita, que busca resgatar a semente da *língua pura* que nelas ressoa, isto é, "a semente latente de uma linguagem superior" (Benjamin, *Gesammelte Schriften* IV, 1972, p. 15). Longe de ser uma traição ao original, salva-o e permite que ele se eleve a uma atmosfera "mais pura e mais alta da linguagem" [*höheren und reineren Luftkreis der Sprache*], esforçando-se por caminhar para "o reino prometido e interdito onde as línguas se reconciliarão [*Versöhnung*] e se cumprirão [*Erfüllung*]"[241]. É, com efeito, para esta tarefa que constitui o trabalho do tradutor, que, pelo seu trabalho, leva a cabo a apresentação da *língua pura*, "fazendo amadurecer, na tradução, a semente da pura linguagem"[242]. Na verdade, Benjamin remete-nos aqui para uma concepção platónica da linguagem, pois o *Logos* que a filosofia pretende alcançar é mais "alto" e mais "puro" que a linguagem natural.

Para Benjamin, a tradução é o anúncio do "termo messiânico" do desenvolvimento histórico das línguas e é aquilo que as impele, não só para a sua libertação da função da comunicação, como também as impele para a reconciliação final, através da língua pura. Estaremos aqui diante da linguagem como promessa, tal como ele a define, como "ideia da prosa"? Da linguagem que "convém" ao "mundo messiânico" como "mundo da actualidade integral"? No texto *A Tarefa do Tradutor ouvimos* um apelo secreto ou um canto "que cresce nas línguas" e que aponta para uma unidade, que é da promessa messiânica da linguagem, aquela que visa a restauração da língua nomeadora e libertação final das línguas.

Benjamin viu nas "vertiginosas" traduções de Hölderlin, sobretudo as das tragédias de Sófocles, a confirmação da sua tese. Aí, como ele próprio o diz, "A harmonia das línguas é tão profunda que o sentido só é tocado pela língua como uma harpa eólica pelo vento"[243]. Arquétipo ou modelo de toda a tradução, ela encerra, no entanto, um

> (...) tremendo e originário perigo de qualquer tradução: que os portões de uma língua, tão alargada e bem dominada acabem por se fechar, encerrando o tradutor no seu silêncio. As versões

> de Sófocles foram as últimas obras de Hölderlin. Nelas o sentido precipita-se de abismo em abismo, até ameaçar perder-se nas profundezas insondáveis da língua.[244]

Maria Filomena Molder fala desse "perigo sublime a que está exposto aquele que traduz"[245]. Não se trata do perigo de "regressar à confusão babélica", mas sim "o de sofrer a vertigem do *transumanar* sem qualquer protecção: subitamente embriagar-se na audição de todas as vozes quase em uníssono, afundando-se nelas.". E perder-se para sempre. É também o perigo daquele que, por amar demais, pode sucumbir à vertigem do seu desejo. Sem ponto de retorno.

VIII
O Anjo da História: marxismo ou messianismo?

> Há um quadro de Klee que se chama "Angelus Novus". Nele está representado um anjo, que parece como se estivesse prestes a afastar-se de algo no qual crava os olhos. Os seus olhos estão muito abertos, a sua boca está aberta e as suas asas estiradas. O anjo da história deve ter este aspecto. Quando, diante de nós, surge uma cadeia de acontecimentos, nesse momento vê ele uma única catástrofe, que incansavelmente acumula destroços sobre destroços e estes arrojam-se aos seus pés. Ele bem gostaria de se demorar, de erguer os mortos e de juntar os destroçados. Do paraíso, porém, sopra uma tempestade, que se prende nas suas asas e que é tão forte que o anjo já não as pode fechar. Esta tempestade arrasta-o irresistivelmente para o futuro, ao qual ele volta as costas, enquanto à sua frente cresce o monte de destroços. Isso a que chamamos progresso é esta tempestade.[246]

1. Materialismo histórico e teologia: o eterno paradoxo

Certamente que não é por acaso que esta passagem atrás citada, a tese IX da sua obra tardia *Über den Begriff der Geschichte* (*Sobre o Conceito de História*), é precedida por um excerto de um poema de Gershom Scholem, "Saudação do Anjo"[247]. Na verdade, a questão da história, desde sempre, havia sido partilhada entre Benjamin e Scholem. Possuem ambos uma concepção da história que os aproxima. Mas que também os separa. Enquanto o percurso de Benjamin se fez cruzando a teologia judaica com o materialismo dialéctico, o de Scholem esteve sempre ligado à teologia e à tradição judaica.

Ao longo deste trabalho, temos mostrado a insistência de Benjamin numa perspectiva messiânica da história. A qual, como sabemos, teve o seu início na juventude de Benjamin e nos seus textos mais precoces. Interessa-nos agora, a partir daqui, avaliar o modo como evoluiu a filosofia da história, ao longo da sua obra, mantendo o sopro messiânico sempre vivo. Um mesmo sopro que atravessa também os textos de Rosenzweig, de Scholem, de Bloch, como vimos anteriormente. Contra uma visão progressista da história, os três autores opuseram a sua perspectiva messiânica da mesma, procurando operar uma viragem nos conceitos de temporalidade e da própria leitura e interpretação da história, supondo uma abertura para uma dimensão messiânica, de um tempo cheio e descontínuo, constantemente reactualizado pelos instantes messiânicos, tema que será posteriormente analisado.

Se, como vimos anteriormente, no seu texto *A Vida dos Estudantes*, Benjamin traçara alguns dos aspectos que mais lhe interessavam estudar, sendo o objectivo fundamental, nessa época, compreender a relação íntima entre a história e a religião, essa preocupação manifestou-se também, muito claramente, no texto *Programa da Filosofia Vindoura*, em que Benjamin propõe a superação do conceito kantiano e a necessidade de um novo conceito de experiência, que a dignifique enquanto tal, essa "experiência superior" que contempla uma visão messiânica da história. Que conceitos integram, no universo da obra de Benjamin, essa perspectiva messiânica e de que já falámos aqui anteriormente? Se o termo de redenção (messiânica) tem sido aqui o mais visível e explícito, ao longo deste texto, não podemos, no entanto, deixar de referir as significações de que se reveste este messianismo. Restauração e reparação, que Benjamin aplica à questão da língua, *apocatastasis*, que irá aparecer neste capítulo, símbolo (se tomarmos a língua pura como aquilo que é simbolizado, tanto na obra *A Tarefa do Tradutor*, como subjacente nos textos *Sobre a Linguagem* e em *A Origem do Drama Barroco Alemão*), eis alguns dos temas/conceitos onde se vislumbra o messianismo de Benjamin. Porém, neste capítulo também irão aparecer conceitos fundamentais que se encontram nestes textos que iremos analisar: o de *rememoração*, de *apocatastasis*, de *apocalipse* (messiânico), etc.

Não queremos aqui senão relembrar esses temas já anteriormente abordados, para os retomar como um suposto de uma concepção benjaminiana da história, que analisaremos agora com mais detalhe e enfoque nos textos mais tardios da sua obra, nomeadamente o *Livro das Passagens* e *Sobre o Conceito de História*.

Comecemos com a proposta de Benjamin, que nos parece tão simples quão transparente: "A expressão de «livro da natureza» indica que se pode ler o real como um texto. É assim que se quer proceder com a realidade do século XIX. Nós abrimos o livro do que teve lugar.[248]

Aquilo a que chamamos história não significa, do ponto de vista benjaminiano – como no de Scholem e de Rosenzweig –, apenas reencontrar o passado e reconstitui-lo como uma sequência linear de factos. Ao invés, o conhecimento histórico é criado a partir do nosso próprio presente, como veremos na análise do conceito de "imagem dialética"[249].

Trata-se, assim, de interpretar os rastos que o passado nos deixou, de os transformar em sinais, a actividade que Benjamin descreve aqui: «ler o real como um texto». A escrita da história procede dessa (re)leitura e (re) interpretação do passado, sendo a linguagem o campo privilegiado onde se apresenta a própria história, no seu sentido mais autêntico. Se Benjamin consagra, como veremos, a "imagem dialética" como a imagem autenticamente histórica, acrescenta também algo que nos parece de suma importância: o lugar onde encontramos as imagens dialéticas é na linguagem[250]. Esta aproximação entre categorias históricas e linguísticas, da concepção da história vista como algo que se apresenta na linguagem, como escrita, é já evidente num texto de 1916, em que Benjamin afirmava: "A história nasce ao mesmo tempo que o sentido na linguagem humana". Compreendemos porquê: no momento em que Adão e Eva são expulsos do paraíso, são também expulsos da eternidade. É a partir desse momento que são condenados à história, da mesma maneira que são expulsos da nomeação originária[251]. Assim, história e linguagem caminham par a par no seu destino[252].

Tome-se como primeiríssimo suposto da teoria benjaminiana a rejeição do historicismo positivista, posição que tomará, cada vez mais, os seus contornos mais definidos[253]. Stéphane Mosès estabelece uma diferenciação interna no seu pensamento histórico, de acordo com os três modelos propostos por ele, como formas ou modos de acesso ao conhecimento da história. Nos textos referentes à linguagem e à tradução, reconhecemos claramente a presença do paradigma teológico da história, alterando-se este a partir de 1923, com o surgimento da obra *Origem,* em que é proposto um paradigma estético de compreensão histórica.

A influência do pensamento materialista dialético sobre o pensamento saturnino de Benjamin determinará a constituição de um modelo ou paradigma político da história, mais visível na sua última obra, *Sobre o Conceito de História*, que redigiu em 1940 e que só foi publicado postumamente (em consequência da grande pressão e empenho exercidos pela sua amiga Hannah Arendt). Foi exactamente no período entre 1924/1925 que Benjamin conheceu Asja Lascis[254], uma russa que o fará conhecer o comunismo e o influenciará decisivamente na direcção do marxismo e do materialismo dialéctico. A leitura da obra de Luckàcs, *História e Consciência de Classe*, em 1924, provoca nele um impacto forte, como confessa a Scholem[255], numa carta de 16.09.24. Ainda em 1929, Benjamin diz: "A mais conseguida das obras da literatura marxista". Nele, Benjamin confirma a sua análise do declínio da sociedade alemã, vendo na crise da tradição espiritual um sintoma da dissolução do mundo burguês. Nesse mesmo ano de 1924, tendo presenciado uma visita de Mussolini a Capri, confirma os perigos do fascismo emergente.

Não obstante a diferenciação dos paradigmas explicativos, Mosès refere um aspecto essencial e que importa não esquecer: a sua articulação interna ao longo de toda a evolução. Sobretudo, no caso do paradigma teológico, no qual Mosès reconhece uma estabilidade maior ao longo de toda a obra benjaminiana: "Se se quiser avaliar a importância relativa destes três paradigmas no pensamento de Benjamin, seria necessário dizer que, do ponto de vista diacrónico, o paradigma teológico foi o mais estável (...) pois, sob uma forma mais ou menos oculta, ele manteve-se presente ao longo de toda a evolução"[256]. Como poderemos verificar, o texto *Sobre o Conceito de História* constitui, precisamente, uma confirmação da sua presença, que é anunciada, desde logo, na primeira tese:

> Conta-se que teria existido um autómato que, construído de forma a evitar não importa que jogada de um jogador de xadrez, devia necessariamente ganhar qualquer partida. O jogador automático teria sido uma boneca, vestida ridiculamente com uma roupa turca, instalada num sofá, a boca com um narghileh. O jogador ocupava uma mesa dotada de uma instalação interior que um jogo de espelhos, sabiamente arranjado, tornava invisível aos espectadores. O interior da mesa, na verdade, estava ocupado por um anão corcunda manietando a mão da boneca com a ajuda de fios. O anão tinha sido mestre no jogo de xadrez. Nada impede

> de imaginar uma espécie de aparelho filosófico semelhante: O jogador devendo infalivelmente ganhar será esta outra boneca que tem o nome de «materialismo histórico". Ela não terá nenhum adversário a temer se se assegura dos serviços da teologia essa velha encarquilhada e mal-afamada que não tem, seguramente nada de melhor a fazer do que esconder-se onde ninguém o suspeitará.[257]

A teologia aparece aqui, ainda, como uma presença que "abre" o derradeiro texto de Benjamin, mostrando a permanência dessa figura. Ainda que sendo caricata, sem a beleza de outrora, no entanto ainda se encontra subjacente à história, de forma mais oculta. Para ganhar, o materialismo histórico tem necessidade da ajuda da teologia: esta encontra-se na figura do "(...) anão corcunda que se encontra escondido no interior da mesa". Numa época racionalista e descrente, a teologia aparece como "uma velha feia e encarquilhada e mal-afamada" que se deve esconder. No entanto, apesar do que Benjamin afirma, não parece que ele próprio se conforme com esse preceito, pois a presença da teologia é muito visível na sua obra *Sobre o Conceito de História*. A interpretação desta tese tem sido imensamente polémica, dividindo os seus comentadores, como é o caso de Rolf Tiedemann, Scholem, Michael Löwy. Para Tiedemann[258], "o anão teológico está, também ele, morto, pois tornou-se uma peça de um aparelho morto. O conjunto do autómato está morto e já representa, talvez, o campo de morte e de ruínas da tese IX", insistindo assim na fraca importância da teologia nesta obra, Michael Löwy objecta, certeiramente: "Se o conjunto está morto e arruinado, anão inclusive, como pode ele ganhar a partida contra o adversário? O que a tese sugere é exactamente o contrário: graças à acção vivificante do anão, o conjunto torna-se vivo e age."[259] Somos levados a concordar com a posição de Löwy. Ainda que a presença da teologia se faça aqui, sob o seu aspecto mais caricato e decadente, é, no entanto, o facto de ela estar presente e a operar continuamente no interior da perspectiva da história, que garante a possibilidade de ganhar. Tal como o anão da alegoria[260], o anão da teologia não pode agir hoje senão de uma maneira oculta, no seio do materialismo histórico. Nesta época de um racionalismo feroz e ateu, o anão da teologia tem de ocultar-se para ser verdadeiramente eficaz e operar no interior da história.

A perplexidade assalta-nos. De que forma «aparece» a teologia em Benjamin, então? Ele é categórico ao afirmar a sua presença, mas a suspeita permanece. A teologia mudou, certamente, o seu rosto, aparece de outras formas. Por outro lado, esta teologia de que ele fala - e isto é que nos interessa fundamentalmente - é a teologia judaica do messianismo? A análise das teses não é isenta de escolhos, dificuldades e ambiguidades, mas acreditamos que ela, numa análise articulada com *O Livro das Passagens* nos ajudará a compreender o nó essencial do messianismo em Benjamin.

Podemos ver, ao longo da obra de Benjamin, como o conceito de teologia aparece sempre ligado a dois conceitos fundamentais e que ele desenvolve em várias obras. Um é o conceito de rememoração[261] [*Eingedenken*], de que já falámos anteriormente, e o outro é o conceito de redenção [*Erlösung*][262]. É, com efeito, em torno deles que toda a arquitectura das teses se edificará, mas tal não significa, de modo nenhum, que apenas apareça na obra *Sobre o Conceito de História.*

Outra questão, esta espoletada pelas próprias teses, é justamente a de saber como interpretar a relação - na aparência, paradoxal - entre a própria teologia e o messianismo. No início da primeira tese, o anão teológico aparecia como sendo o senhor do autómato, do qual ele se servia como de um simples instrumento: "Na verdade, um anão corcunda está escondido aí, foi mestre na arte do xadrez e, através de fios, manieta a mão da boneca". Mas, no final, é o anão que está ao serviço do autómato, de acordo com Löwy (Ibidem, p. 33). Esta reviravolta causa-nos perplexidade. Será que Benjamin estará a pensar na complementaridade dialética entre ambos?

É preciso pensar a teologia, em Benjamin, de uma forma completamente diferente da tradicional. Ela não se constitui como um fim em si tendo em vista a contemplação teórica das verdades eternas. Muito menos significa a reflexão sobre a natureza do ser divino. A teologia, aqui, possui uma função precisa e fundamentalmente activa. Ela está ao serviço do materialismo dialéctico, isto é, ao serviço da luta dos oprimidos. Princípio de intensificação, a teologia deve servir a força explosiva, messiânica e revolucionária do materialismo histórico. Ela reintroduz, precisamente, as imagens e messiânicas que "faltam ao materialismo histórico". Os comentadores Gerhard Kaiser, Krista Greffrath e Hanz-Dieter Kittsteiner defendem posições diversas[263]. Para Kaiser, Benjamin "teologiza o marxismo", no sentido em que é o materialismo que constitui a verdadeira teologia. Esta perspectiva, que vê a filosofia da história, em Benjamin, como uma «teologia da história» é altamente redutora e, enquanto interpretação é suspeita, pois não permite dar conta da verdadeira dinâmica entre o materialismo e a teologia, não ajudando nada a compreender o paradoxo da sua necessidade. Já Krista Greffrath se coloca no lado oposto, dizendo que "a teologia das teses é uma *construção auxiliar* necessária para arrancar a tradição do passado das mãos dos seus gestores actuais" (Ibidem). Também esta perspectiva, segundo Löwy, nos dá uma compreensão particular e relativizada da dinâmica. É preciso não esquecer que a teologia – importa é defini-lhe o contorno – é essencial em Benjamin e vimo-lo sobretudo nos seus primeiros textos.

Hanz-Dieter Kittsteiner distingue as funções entre a teologia e o materialismo, dizendo que "o materialista histórico afronta o presente como marxista, o passado como teólogo da rememoração." Nada mais afastado da realidade, pois o marxismo é, para Benjamin, tão necessário à compreensão do passado como a teologia para a acção presente e futura.

Compreender a componente política deste messianismo, atravessado pela esperança materialista, e pela ideia da redenção que pode salvar a história dos oprimidos, parece-me ser a consequência mais evidente, que será corroborada ao longo das outras teses. De tal forma é evidente esta componente política no elemento messiânico das teses, que filósofos como Derrida e Bensussan o tomaram como objecto essencial das suas obras. Refiro-me, sobretudo, às obras de Derrida *Spectres de Marx* e *Marx & Sons*, onde o autor analisa profundamente a tese II de Benjamin e parte dela para afirmar o seu próprio messianismo como legado filosófico.

Tal como Gérard Bensussan o afirma, na sua obra *Le Temps Messianique*, "O messianismo representa um encaminhamento que poderia autorizar um verdadeiro pensamento da ética *na* política, ou seja, a possibilidade de se exilar do juízo objectivo da história universal, ou seja, de julgar este juízo e de pôr em questão a sua potência e a sua universalidade, sem, todavia, se abstrair ou subtrair-se. Do historicismo ao tempo da expectativa, da história-juiz à história julgada, o messiânico iria assim ao contrário dos saberes históricos positivos e das suas evidências cognitivas, concedendo a sua confiança à imediatez de uma fé prática".[264] Esta «fé prática» de que nos fala o autor tem precisamente a ver com a esperança política e ética que está patente no pensamento messiânico e que visa, sobretudo, através da ideia de redenção, restaurar uma nova "fé", de cariz, não teológico e contemplativo, mas sim prático e político[265], efectivo.

Os conceitos históricos benjaminianos não são, de forma alguma, abstracções, mas dizem respeito a realidades históricas concretas, como se pode compreender pela leitura do seu texto. Trata-se de restaurar a história dos oprimidos, aqueles que foram esquecidos pela história. É a rememoração que permite a redenção e a reparação das injustiças passadas e o acabamento da utopia social, objectivo que se apresenta muito claro na tese XVIIa: "Marx secularizou a representação da era messiânica na representação da sociedade sem classes." Benjamin via na representação marxista da sociedade sem classes uma secularização do messianismo.

Numa carta que Horkheimer escreveu a Benjamin, datada de 16 de Março de 1937, o autor põe precisamente a tónica neste aspecto da história dos oprimidos. É sobretudo para criticar o carácter «idealista» de uma concepção da história como "não fechada" [*Unabgeschlossenheit*]:

> A injustiça do passado está acabada e fechada. Os assassinados foram verdadeiramente assassinados...Se se toma seriamente o inacabamento da história, deve-se acreditar no Juízo Final...No que respeita ao acabamento, há talvez uma diferença entre os aspectos positivos e os aspectos negativos, de tal maneira que só a injustiça, o terror, os sofrimentos do passado são irreparáveis. A justiça bem restaurada, as alegrias, as obras têm uma outra relação com o tempo, porque o seu carácter positivo é largamente negado pela fugacidade das coisas. Isso vale, primeiro, para a existência individual, na qual não há felicidade, mas a infelicidade que é selada pela morte .[266]

Benjamin, todavia, não pode aceitar esta posição de Horkheimer, dizendo que é preciso corrigi-la, pois não partilha a sua tese, acrescentando-lhe um correctivo:

> Far-se-á um correctivo a estas reflexões, considerando que a história não é somente uma ciência e que ela é, sobretudo, uma forma de rememoração. O que a ciência «verificou», a rememoração pode transformar. A rememoração pode transformar o que é inacabado (a felicidade) em qualquer coisa de acabado e o que é acabado (o sofrimento) em qualquer coisa de inacabado (a felicidade). É o

> que faz a teologia; mas nós fazemos, na rememoração, uma experiência que nos impede de conceber a história de maneira fundamentalmente ateológica, mesmo se, para tanto, temos o direito de a tentar escrever com os conceitos imediatamente teológicos[267].

Esta resposta de Benjamin a Horkheimer esclarece-nos alguns aspectos fundamentais com os quais nos temos confrontado até aqui. Em primeiro lugar, quando nos questionávamos, antes, como pode aparecer (e qual a função da teologia) na história materialista, a resposta encontra-se justamente aqui, na minha opinião e não tanto nas teses. É a rememoração[268] que pode operar as transformações da história, ideia que é defendida vigorosamente no *Livro das Passagens*, sobretudo nas analogias entre o "despertar" e o "rememorar"[269]. Desta forma, a rememoração constitui uma categoria da "teologia benjaminiana". A rememoração constitui-se, assim, como uma das tarefas que devem ser tomadas plenamente pelo historiador materialista, mas este toma a categoria da teologia judaica.

Porém, tanto a rememoração quanto a contemplação, na consciência, das injustiças passadas ou da investigação histórica não são suficientes, aos olhos de Benjamin. Torna-se necessário, para que possa efectuar-se a redenção – que, em hebreu, é *tikkoun* –, a reparação das injustiças passadas e da desolação das gerações vencidas. Esta redenção pode ser entendida de duas maneiras: ou de maneira teológica ou de maneira profana. E, do ponto de vista benjaminiano, como veremos, ela significa a emancipação dos oprimidos. Veja-se o que Benjamin diz, na tese XII: "O artesão do saber histórico é a classe combatente, a própria classe oprimida. Em Marx, ela apresenta-se como a última classe escravizada, a classe vingadora que, em nome das gerações vencidas, conduz ao seu termo a obra da libertação"[270]. A insistência benjaminiana na libertação dos oprimidos evoca a palavra de Rosa Luxemburgo, mas também a de Lukács. A obra da libertação do proletariado não pode ser levada a cabo sem lembrar o martírio dos antepassados, é também uma tarefa de rememoração. Trata-se, para Benjamin, do tema da redenção das vítimas da história. E esta insistência, na óptica de Löwy, é surpreendentemente análoga à violência do imperativo judaico: "*Zachor*, lembra-te!"[271].

3. Análise da tese II: o índice secreto da redenção

> "Às particularidades mais dignas de nota do espírito humano", diz Lotze, "pertence, ao lado de tanto egoísmo nas minúcias, uma ausência universal de inveja de cada presente em relação ao seu futuro". Esta reflexão leva a pensar que a imagem da felicidade, que nós alimentamos, está tingida de cabo a raso pelo tempo, no qual o decorrer da nossa própria existência nos relegou agora, por uma vez. A felicidade, que podia despertar em nós a inveja, só diz respeito ao ar que podíamos ter respirado, aos homens com quem podíamos ter falado, às mulheres que se poderiam ter dado a nós. Por outras palavras, na representação da felicidade vibra inalienavelmente a da redenção. Com a representação do passado, que a história converte no seu próprio tema, passa-se o mesmo. O passado traz consigo um índice secreto, pelo qual é impelido para a redenção. Pois não somos nós tocados por um sopro de ar que circulava à volta dos nossos antepassados? Não há nas vozes, às quais o nosso ouvido se oferece, um eco a partir de agora emudecido? Não têm as mulheres que cortejámos irmãs que elas não chegaram a conhecer? A ser assim, existe um entendimento secreto entre as gerações passadas e as nossas. Então, nós fomos esperados sobre a terra. Então, a nós, como a qualquer outra geração que já tenha existido antes de nós, foi concedida uma débil força messiânica, relativamente à qual o passado reivindica. Não é levianamente que se pode despachar esta reivindicação. O materialismo histórico sabe por que razão.[272]

Esta tese é uma das passagens mais enigmáticas que Benjamin escreveu, ao longo de toda a sua obra. O que nos surpreende, desde o primeiro momento, é que o olhar do historiador se encontra voltado para aquilo que podia ter acontecido e não aconteceu. Se nesta tese encontramos já o olhar impotente (e alegórico) do anjo da história, na tese IX, salta à vista a mesma relação.

Desde o início que a tese II diz que "a imagem da felicidade é inseparável da redenção [*Erlösung*][273]. É extremamente pertinente cruzar a leitura desta tese com algumas passagens do *Livro das Passagens*, sobretudo as que Benjamin dedica a Hermann Lotze e à sua obra *Mikrokosmos, III*[274]. Lotze foi um crítico da teoria do progresso[275] e fez uma análise muito interessante, articulando as categorias teológicas da redenção com a da história. Na passagem [N 13a,1] (Ibidem, p. 600), Lotze, citado por Benjamin, estabelece a relação entre a redenção e o tempo histórico, posição na qual Benjamin se reconhece inteiramente:

> (...) Esta felicidade é fundada precisamente no desespero e nosso abandono. A nossa vida, para dizer as coisas de outra forma, é um músculo que tem a força suficiente para contrair a totalidade do tempo histórico. Ou ainda, a concepção autêntica do tempo histórico repousa inteiramente sobre a imagem da redenção.

Indirectamente, a questão do tempo messiânico – a totalidade do tempo histórico contraído - funda-se, já em Lotze, precisamente na imagem da redenção. Podemos identificar aqui a própria concepção do presente, a que Benjamin chama, na sua tese, "a frágil força messiânica" [*eine schwache messianische Kraft*][276] que cabe ao presente. É esse índice messiânico que cada geração transporta em si, segundo a imagem de felicidade de cada indivíduo e de cada geração.

De acordo com Lotze e com as passagens de Benjamin, citando excertos de *Mikrokosmos,* não pode haver progresso se as almas que sofreram não têm direito à felicidade [*Glück*] e à perfeição [*Volkommenheit*]. Ele rejeita, assim, as concepções da história que negligenciam as reivindicações [*Ansprüche*] das épocas do passado e que consideram os trabalhos das gerações que passam estão irrevogavelmente perdidas. É preciso que o "progresso" se cumpra também para as gerações passadas, de uma maneira misteriosa [*geheimnisvolle*][277]. Podemos reencontrar estas ideias na tese II, quase palavra a palavra. A tese II concebe a redenção, inicialmente, como a rememoração histórica das gerações do passado: "O que aconteceu aos seres humanos que estão caídos, nenhum futuro pode reparar. Eles não serão nunca chamados, para se tornarem felizes para a eternidade. (...) No meio desta imensa indiferença só a consciência humana pode tornar-se o alto lugar onde a injustiça sofrida pode ser abolida/ultrapassada (*aufgehoben*), a única instância que não se satisfaz com isso (...)".[278] Esta ideia de uma *restituição* das injustiças passadas por intervenção da consciência histórica encontra-se perfeitamente de acordo com as ideias de Benjamin, mas

Horkheimer nunca poderia aceitar a dimensão teológica que Benjamin lhe confere, o que pode ser corroborado pela carta que ele escreve a Benjamin, datada de 16 de Março de 1937[279].

É, com efeito, à rememoração que cabe esta restituição do índice messiânico, sendo que o historiador materialista é aquele a quem convém essa tarefa. É por isso que Benjamin afirma, a propósito da carta de Horkheimer: "O que a ciência «constatou» a rememoração pode modificar"[280]. As teses a seguir à II acentuam a dimensão redentora da rememoração e da reactualização do que ficou «inacabado».

A redenção messiânica e revolucionária é uma tarefa que nos é atribuída pelas gerações passadas. É o que nos diz a tese II. E diz-nos também que não há qualquer Messias enviado do céu. Isto é, cada geração possui uma parcela do poder messiânico que se deve esforçar por exercer e conquistar. Deus está ausente e a tarefa messiânica cabe unicamente às gerações humanas, que se devem responsabilizar por salvar a "frágil força messiânica". Esse é, aliás, o sentido de uma das mais enigmáticas (e belas) expressões de Benjamin: "fomos esperados sobre a terra". Isto é, as gerações de outrora esperam de nós a redenção e a libertação[281]. Benjamin terá dado um sentido político a esta "frágil força messiânica"? No sentido de pensar a redenção como uma possibilidade ínfima? Seja como for, este pensamento messiânico de que Benjamin nos fala aqui tem um significado eminentemente político, urgente, não correspondendo a uma atitude teórica e contemplativa.

Se existe uma "parcela messiânica", ela existe, à maneira de um segredo que se pretende rememorado, não-esquecido. O imperativo ético está lá, bem no coração de cada geração, a exigência ética de restituir a justiça aos oprimidos, libertando a força messiânica que é o alvo de toda a história humana. Mas, como diz Benjamin na tese XVIII B, "Mas para os judeus o futuro não é um tempo homogéneo e vazio. Porque nele, cada segundo é a porta estreita pela qual pode passar o Messias."[282] A tarefa revolucionária da redenção exige essa "porta estreita" que é o próprio instante messiânico do *agora* [*Jetztzeit*].

Também nas suas notas, Benjamin afirma: "Na verdade não existe um único instante que não traga em si o seu destino revolucionário"[283]. Se relacionarmos esta afirmação com a aquela que diz que "cada segundo é a porta estreita pela qual pode entrar o Messias", percebemos que este instante a que ele se refere é, certamente, o «instante messiânico». Substitui aqui, de forma radical, a concepção do tempo profano pelo tempo messiânico, isto é, de um tempo homogéneo e vazio por um tempo «cheio». E aqui chegamos ao nó essencial da questão da história messiânica.

A crítica do historicismo ganha a sua dimensão mais elevada na questão da *dialética em suspensão* [*Dialektik im Stillstand*], que não aparece nas teses[284], mas que se mostra plenamente no *Livro das Passagens*, ao longo de todo o capítulo consagrado ao conhecimento histórico.

É na tese VI que ele anuncia esta concepção do *kairos*[285], que a tese VIII designará por "estado de excepção". Na tese VI Benjamin fala no "perigo que ameaça tanto a existência da tradição como aqueles que a recebem"[286]. Rejeitando, desde logo, a concepção historicista e positivista da história, Benjamin adverte-nos para o momento de perigo para a história e que é o momento em que surge a imagem autêntica do passado. Nesse momento, precisamente porque nesse instante se dissolve a visão confortável da história como "progresso ininterrupto". No instante do perigo, quando a imagem dialética "brilha como um clarão", o historiador deve ter a serenidade para se aperceber desse momento único, fugitivo e precário – a imagem dialética –, em que ocorre a salvação, antes que seja demasiado tarde[287].

A tarefa do materialismo histórico é a de destruir a continuidade de uma evolução, que lhe aparece como fatal – e que a própria história estabelecida reconheceu como tal – interrompendo o percurso do infernal cortejo dos vencedores. Benjamin pensa certamente no fascismo como o último ponto do percurso da continuidade histórica do capitalismo – neste sentido fazendo parte da concepção do progresso – e, também, como o perpetuar da tradição dos opressores sobre os vencidos. É necessário, assim, romper com esta continuidade de carácter infernal e eternamente repetida. Se, como Carl Schmitt o defendia, na sua obra *Politische Theologie* (1922), o estado de excepção era o «suspender toda a ordem existente», então a reinversão da tradição constituía a suspensão do poder dominante e opressivo. Significava interromper a continuidade do progresso, trata-se, também, como Benjamin afirmava, de "arrancar a tradição ao conformismo", expondo-a, como já vimos ao perigo do instante interruptivo[288]. Nas suas notas, Benjamin fala de um impulso salvador que é tão forte como um "impulso destrutivo" (Benjamin, *Gesammelte Schriften* I, 1972, p. 1242). Trata-se, para ele, de destruir «a» tradição para fundar uma outra tradição, mais exactamente daquilo a que ele chama "escovar a história a contrapelo"[289].

É neste sentido que o historiador materialista deve ser o executor da mesma tarefa que cumpre o carácter destrutivo relativamente ao domínio da cultura. Para Benjamin, eles são a mesma pessoa. Numa nota em que Benjamin retoma a fórmula de que "A história deve ser tomada a contrapelo", ele afirma, ainda: "Os momentos destrutivos: demolição da história universal, exclusão dos aspectos épicos, recusa da identificação com o vencedor. A história deve ser tomada a contrapelo. A história cultural enquanto tal não tem objecto: ela deve ser integrada na história da luta de classes"[290].

Na verdade, ouvimos aqui os ecos da teoria da violência de Benjamin, que é reintroduzida no materialismo histórico de Benjamin. Como ele afirma, trata-se de reactualizar as energias destrutivas que estiveram sempre presentes nos movimentos revolucionários. Mas essa violência destrutiva põe-se ao serviço de uma "ética da luta de classes", como o diz explicitamente na tese IV:

> A luta de classes, que um historiador instruído na escola de Marx nunca perde de vista, é uma luta pelas coisas brutas e materiais, sem as quais não há nada de refinado nem de espiritual. Mas, na luta de classes, este refinado, este espiritual, apresenta-se como totalmente diferente do espólio do vencedor; aqui é confiança, coragem, humor, astúcia, inquebrantável firmeza (...). [291]

Esta ética, como nós a designamos, concentra os valores próprios do movimento de emancipação da classe operária, não apenas no presente, como também os dos que têm sido ao longo dos tempos, isto é, como é da tradição autêntica dos oprimidos, esta vem, precisamente, substituir o conformismo da tradição, como Benjamin afirma: "O continuum da história é o dos opressores. Enquanto a concepção do contínuo rebaixa tudo, a da descontinuidade é o fundamento de uma tradição autêntica."

Porém, a tradição autêntica exige a reabilitação da violência, que é necessária como momento revolucionário e interruptivo. Daí a recorrência constante, neste texto, aos movimentos do anarquismo, de Blanqui e de Sorel. O que nos parece fundamental frisar, aqui, é que a destruição revolucionária se associa intimamente à ideia de redenção. Todavia, é sobretudo em Sorel que Benjamin se baseia para a reabilitação da violência revolucionária, como já o havia feito no seu texto *A*

Crítica da Violência. É aqui que nasce, precisamente, a ética da luta de classes. A violência marca, assim, a ruptura com a continuidade da dominação e da supremacia dos vencedores. Esta violência revolucionária e interruptiva, a ideia de uma libertação dos oprimidos, corresponde, em Benjamin, à função, por excelência do messianismo que, para além de invocar categorias teológicas, é essencialmente um modelo político.

"Escovar a história a contrapelo" possui, em si uma significação dupla; por um lado, trata-se de ir na contracorrente da versão oficial da história, rompendo, como vimos, com uma concepção da continuidade histórica das classes dominantes, e, por outro, tem uma significação *eminentemente política:* a redenção não terá lugar graças ao curso natural das coisas, o designado progresso da história. É preciso, pela intervenção do materialismo dialético, interromper o curso contínuo e infernal das novas guerras, das catástrofes e das formas de barbárie e de opressão. Neste sentido, trata-se, para Benjamin, de redescobrir os momentos/imagens de redenção que se escondem no próprio cerne da cultura tradicional, tarefa que Benjamin considera como sendo a do crítico materialista.

Esta «preservação», ou antes, (re)descoberta encontra-se intimamente ligada ao momento destrutivo, que arranca o acontecimento histórico à continuidade da história, ideia claramente apresentada no *Livro das Passagens*: "De que perigo os fenómenos são salvos? Não somente e, principalmente, do descrédito e do menosprezo nos quais caíram, mas da catástrofe que representa uma certa forma de os transmitir «celebrando-os» como «património». Eles são salvos quando se põe em evidência neles a fissura. – Há uma tradição que é catástrofe."[292]

A importância de descobrir uma experiência dialética que faça dissipar "a aparência da constância e mesmo da simples repetição na história" é o que constitui o objectivo desta "experiência política autêntica e absolutamente livre desta aparência".(Ibidem).

A concepção do materialismo dialético e a crítica ao progresso que Walter Benjamin leva a cabo contra o historicismo positivista, conjugam-se, culminando esse processo na *ideia da catástrofe* – entendida como o momento dialético que conduz naturalmente ao seu extremo: a redenção messiânica –, a qual certamente decorre da exigência de uma história pensada sob uma estruturação monadológica.

4. A noção de catástrofe

> É necessário fundar o conceito de progresso na ideia de catástrofe.[293]

Já tínhamos visto que a catástrofe a que Benjamin alude aqui é precisamente o contínuo da história, esse percurso inexorável[294] que faz mergulhar tudo no esquecimento. O esquecimento da "celebração do património", ao qual é preciso arrancar o objecto histórico:

> Que o objecto da história seja arrancado, por uma explosão, ao continuum do curso da história: é uma exigência que decorre da sua estrutura monadológica. Esta não aparece senão quando o objecto foi separado pela explosão (...) O objecto histórico, em virtude da sua estrutura monadológica, encontra representada no seu interior a sua própria história anterior e posterior.[295]

A estrutura *monadológica*[296] a que Benjamin se refere, nesta passagem, é a estrutura da "imagem dialética", que contém em si própria a lei da sua origem, apresentando-a e dando-a a ver àquele que a "lê". E o que a lê já não a vê perdida numa sucessão catastrófica, mas sim como uma pura presença, como instante fulgurante e que salva o "agora da cognoscibilidade"[297] e que apresenta em si a sua própria *origem*[298]. Por isso, a imagem dialética é também "fenómeno originário":

> Apareceu-me muito nitidamente, estudando a apresentação, por Simmel, do conceito de verdade em Goethe, que o meu conceito de origem no livro sobre o drama barroco é uma transposição rigorosa e concludente deste conceito de Goethe do domínio da natureza para o da história. A origem – é o conceito de fenómeno originário, afastado do contexto pagão da natureza e introduzido nos contextos judaicos da história. Ora, eu retomo também aqui, no trabalho sobre as Passagens um estudo sobre a origem.

Neste contexto, a origem é uma categoria histórica, sendo uma ideia que não pode realizar-se senão historicamente[299]. Progresso e catástrofe, longe de se excluírem, entrelaçam-se na sua visão histórica, exigindo a desintegração da visão historicista. Isto é, podemos então afirmar que o materialismo dialético e o messianismo constituem, assim, as duas faces ou vias que se conjugam num mesmo modo de entender a história, faces que, de forma alguma, encontram em si contradição. Se considerarmos o facto de Benjamin encontrar na historiografia materialista o seu ponto decisivo como o próprio momento da desintegração da continuidade histórica[300], esse ponto de vista desembocará na ideia benjaminiana da redenção.

O termo *catástrofe* reenvia-nos para a compreensão da ruptura da continuidade histórica, momento em que, dinamitando o fluxo contínuo da história, se instaura a "ruptura salvadora", mediante um instante apocalíptico-messiânico e, por excelência, redentor. Trata-se, com efeito, de um *instante fulgurante,* que concentra em si e numa imagem dialética o conhecimento histórico, imagem miniaturizada da relação entre o outrora e o agora:

> A marca histórica das imagens não indica somente que eles pertençam a uma época determinada, ela indica sobretudo que elas não alcancem a legibilidade senão numa época determinada. E o facto de chegar a "legibilidade" representa certamente um ponto crítico que as anima. Cada presente é determinado pelas imagens que são síncronas com ele; cada agora é o agora de uma cognoscibilidade determinada.[301]

Trata-se de substituir, como se vê, a "falsa continuidade" do progresso pela sincronia das "imagens dialéticas", que apresentam em si o momento histórico da cognoscibilidade, isto é, nas imagens dialéticas que concentram em si a história anterior e a história posterior do fenómeno. Momento que revela uma "síntese autêntica", isto é, "o fenómeno originário da história" [*Urphänomen der Geschichte*], essas imagens apresentam em si, e à maneira de uma mónada, toda a história anterior e posterior do fenómeno histórico. O historiador é o que lê a *origem* que se inscreve na imagem dialética. Que, no instante dialético, acede à compreensão da ideia e do modo como ela se apresenta na imagem, formando uma *constelação*[302]. A relação entre o Agora e o Outrora, ao invés da perspectiva historicista, é de natureza figurativa (*Bildlich*) (Ibidem), e não temporal. Mostra-se como clarão, como imagem que é lida pelo historiador e que traz consigo o perigo (o de o historiador não ser capaz de a ler e de a compreender). Só essas imagens são autênticas, porque não-arcaicas, isto é, não-míticas.

Nestes instantes, em que se revela a síntese autêntica do fenómeno originário, a verdade[303] encontra-se prestes a desintegrar, "carregada de tempo" e prestes a explodir:

> (...) a verdade está carregada de tempo até à explosão. (Esta explosão, e nada mais, é a morte da intenção, que coincide com o nascimento do verdadeiro tempo histórico, do tempo da verdade). Não é preciso dizer que o passado ilumina o presente ou o presente ilumina o passado. Um imagem, pelo contrário, é aquilo em que o outrora encontra o agora num clarão, para formar uma constelação.[304]

A linha ininterrupta e contínua do tempo homogéneo – na visão do progresso – estilhaça-se para dar lugar a uma outra configuração temporal, que nada tem a ver com a anterior. A ideia de constelação – que também já aparecia na obra *Origem* – supõe uma concepção qualitativa do tempo, que vem opor-se à concepção quantitativa. Já não a linha contínua do tempo, mas a radical supressão da mesma, o que Benjamin pretende dizer como "a morte da intenção", de uma sucessão orientada para um fim, um alvo. A "morte da intenção", a meu ver, coincide com o momento apocalíptico e desintegrador, suspendendo o percurso da história vista como sucessão. Esta "morte" da intenção opera-se pela cesura e pela interrupção que, assim, salva a história, produzindo clarões e imagens descontínuas, essas sim, verdadeiramente históricas, como pura presença do acontecimento histórico na imagem dialética.

Numa carta de Benjamin, datada de 9 de Dezembro de 1938[305], na qual ele responde às objecções duríssimas que lhe foram formuladas por Adorno, a propósito do seu ensaio sobre Baudelaire, Benjamin também fala da constelação como uma mónada. E se esta polémica com Adorno é importante, é porque ela opõe, a uma concepção hegeliana e marxista – tal como Adorno defende – , uma historiografia articulada sobre imagens-mónadas, constelações: "O objecto constitui-se assim como mónada. Na mónada toma vida tudo o que se apresentava como material filológico com uma rigidez mítica"[306]. A historiografia materialista repousa, assim, "sobre um princípio construtivo"[307], que se opõe claramente ao progresso cumulativo do historicismo. E o resultado desta construção é a mónada:

> Quando o pensamento se fixa, de uma só vez, numa constelação saturada de tensões, ela comunica-lhe um choque que a cristaliza numa mónada.(...) nesta estrutura, ele reconhece o sinal de uma paragem messiânica do devir, dizendo, de outro modo, um destino revolucionário no combate pelo passado oprimido[308].

Este objecto histórico, que se configura de forma descontínua, como mónada ou constelação, é o tempo do presente, pura evanescência, tempo cheio, messiânico, aquele de que falamos aqui. Mais concretamente, o instante em que se apresenta a imagem dialética – momento de *legibilidade do acontecimento histórico* – é a configuração do instante messiânico, isto é, o tempo do agora [*JetztZeit*]. No instante dialéctico, que se subtrai à continuidade e ao fluxo da história, é a imagem dialética que o apresenta, mostrando-o como um clarão. Nesse clarão, fundem-se outrora e agora, formando uma constelação.

A dicotomia entre natureza temporal e natureza dialética da história é aqui evidente; duas ordens diferentes entre si. A "dialética em suspensão" [*Dialektik im Stillstand*],é bem a apresentação de uma "outra história", irredutível à sucessão temporal contínua. Desta forma, contra a concepção historicista, Benjamin opõe a sua concepção, operando, segundo Mosès, uma aplicação do "princípio desta desformalização à análise do tempo histórico, mostrando que o passado, o presente e o futuro não são segmentos sucessivos numa linha contínua."[309] É este princípio que permite a "construção" da escrita da história, por meio de "saltos"[310]. É precisamente a isso que Benjamin se refere quando fala da natureza figurativa da história, por oposição à história do progresso. A historicidade do tempo, aqui, revela-se cada vez que surge uma nova imagem dialética, imagem que não pertencem à ordem da continuidade do tempo, mas que, justamente, a fazem explodir.

Qualquer instante é, assim, portador de uma radical novidade. Esta concepção esboça a ideia de uma abertura da história, que passa por criar e iluminar um novo horizonte de reflexão, procurando uma racionalidade dialética que quer evitar as «armadilhas» do positivismo, da previsão científica, tudo consequências de uma visão científica da história.

Todavia, se as imagens de cesura interrompem uma "história contínua" dos vencedores, Benjamin não é um pensador utópico, à maneira de Bloch, que defendeu, nas suas obras, *O Espírito da Utopia* e *Princípio Esperança,* uma concepção utópica da mesma. A sua preocupação era outra, ele estava, segundo Löwy, preocupado "com a necessidade urgente de *organizar o pessimismo,* menos interessado pelos «amanhãs que cantam» que pelos perigos iminentes que ameaçam a humanidade." (Löwy, L'Avertissement de l'Incendie, 2001, p. 131). Trata-se, portanto, de uma reflexão que nos permite pensar um projecto essencialmente revolucionário.

Contrariamente aos pensadores utópicos como Bloch, Luckàcs, Agnes Heller[311], que utilizaram, para a história, a partir do século XIX, a imagem do comboio que avança, a uma velocidade sempre crescente, para o futuro radioso e para a estação da Utopia, Benjamin utiliza também a alegoria do comboio[312], mas invertendo dialeticamente essa imagem: o comboio da história corre para o abismo, a revolução é a interrupção desta viagem para a catástrofe. A redenção está na cesura da continuidade, que "salva o objecto histórico" e o arranca à sua continuidade, estilhaçando-a.

Confrontamo-nos aqui com uma forma de pensar que integra a "imobilização", a suspensão e a cesura[313], o corte, como princípios fundamentais do próprio pensamento, algo que também já foi mostrado anteriormente. Um pensamento que contém uma intensidade, ao mesmo tempo, destrutiva e salvadora, sabendo que as coisas só poderão ser redimidas sobre as suas próprias ruínas. A exigência de uma *apokatastasis,* de uma imagem de redenção sobre a qual repousa toda a concepção autêntica do tempo histórico[314], é algo que percorre, como o sopro mais secreto, o pensamento da história benjaminiano. Só a partir desta concepção do tempo e da história pode nascer um "conceito autêntico de história universal", mas este conceito autêntico é um conceito messiânico, que se opõe à história universal, tal como ela é vista pelo progresso. Se, por um lado (e como já vimos); a cesura ou a interrupção da "narrativa épica" da história é dinamitada, no sentido, em que é abolida a ideia da continuidade de uma "história dos vencedores", sendo que a causalidade determinista e mecânica se dissipa; por outro, esta cesura opera um desmascaramento da ilusão do progresso e da sua falsa totalidade, mostrando assim o verdadeiro "rosto messiânico" da história. Será que esta exigência de destruição da anterior "narrativa histórica dos vencedores" não será substituída por uma outra "narrativa épica dos vencidos" e que Benjamin não corre o risco de substituir uma "fantasmagoria" por uma outra, igualmente perigosa?

5. Despertar: o momento inaugural do conhecimento histórico: a função da rememoração

O instante autêntico da história é a imagem dialética, em que se apresenta o "fulgurante conhecimento histórico"[315]. Esse é também o momento do *despertar*, como poderemos deduzir da confrontação dos excertos que se seguem. Momento em que se dissipam as ilusões e as fantasmagorias[316] ou sonhos colectivos[317]: "O despertar será a síntese da tese da consciência do sonho e da antítese da consciência desperta? O momento do despertar seria idêntico ao agora da cognoscibilidade na qual as coisas tomam o seu verdadeiro rosto, o rosto surrealista".[318]

A teoria benjaminiana das imagens dialéticas encontra-se intimamente articulada com a reflexão benjaminiana sobre o sonho, o qual estabelece uma passagem entre o passado e o futuro. Tal como no sonho individual, o sonho colectivo utiliza imagens arcaicas, que se integram e afluem nos elementos contemporâneos e apontam para o futuro, apresentando o desejo como realizado.[319]

Apesar das críticas de Adorno ao seu texto, Benjamin manteve a sua concepção da imagem dialética de acordo com o modelo do sonho. Aceita a sugestão adorniana das imagens dialéticas como "constelações", mas não abdica da sua teoria, como se pode ler na carta que dirige a Gretel Adorno, em resposta às críticas de Adorno:

> (...) as configurações do sonho são elementos inalienáveis dessa constelação. A imagem dialética não imita o sonho- nunca foi minha intenção afirmá-lo. Mas parece-me que ela contém as instâncias, os pontos de irrupção (Einbruechstelle) do despertar e que produz a sua figura a partir desses pontos, como uma constelação a partir dos pontos de luz. Também aqui o arco está tenso, numa dialética necessária entre a imagem e o despertar.[320]

É sobretudo neste desvio relativamente a Adorno que Benjamin se diferencia da sua posição. Tal como Adorno, também ele acredita que a imagem dialética exprime a presença do sempre igual, nas estruturas do capitalismo. Porém, ao contrário de Adorno, Benjamin julga que a imagem dialética revela a latência do novo, encontrando-se alojado nela, como uma dobra. Por essa razão, a Benjamin não choca a utilização do conceito do sonho e não lhe interessa tanto o aspecto psicologizante, mas sim perceber o sonho como *mediador que permite descobrir o latente no novo*, pois o seu conceito permite ilustrar perfeitamente os dois pólos dessa dialética: o sono e o despertar (possibilidade que se encontra latente), em que o despertar se encontra no interior dessa dobra.

Como o explica Rouanet, "Na medida em que se limita a repetir conteúdos do passado, cada produção onírica é na verdade uma reprodução, pela qual o recalcado retorna monotamente; mas, na medida em que cada sonho, para exprimir esses conteúdos, mobiliza sob a forma de restos diurnos os elementos da vida quotidiana, reordenando-os, criando novas relações, transfigurando objectos familiares, uma nova realidade é produzida, e é possível distinguir o novo no sempre igual: as instâncias do despertar"[321]. Se o sonho, na sua natureza ambivalente, inclui o sono, não menos importante é o conceito do despertar, como verdadeira "força histórica"[322], capaz de romper com as fantasmagorias.

As imagens de sonho descritas no *Livro das Passagens* têm, como todo o sonho, o poder de desconstruir e de reorganizar o mundo empírico e o mundo histórico, dissolvendo conexões e criando novas correspondências. Elas tiram as coisas do seu lugar e colocam-nas em lugares novos, de acordo com novas disposições, produzindo assim novas e inesperadas semelhanças, ignorando as semelhanças visíveis. Esta lógica, que lhe é conferida pelo mecanismo do sonho, descobre novas similitudes porque as antigas se tornaram inutilizáveis e, nessa procura de novas correspondências, como diz Sérgio Paulo Rouanet, citando Freud, "o sonho cria uma relação fantasmática com o tempo – o passado é vivido como se fosse o presente – e com o espaço (...)"[323].

Neste mundo transfigurado pela consciência fantasmática do tempo e do espaço, "cada coisa é ao mesmo tempo uma outra – as passagens são casas e estrelas, a cidade ora é quarto, ora é paisagem". O que, na opinião de Rouanet, distingue Freud de Benjamin, é o surrealismo benjaminiano[324], que permite atribuir ao sonho, não apenas uma função cognitiva como também divinatória (e também histórica)[325]. Deste modo, "As imagens de sonho tornam o real irreconhecível, criando correspondências fícticias, e desvendam-no, revelando correspondências invisíveis à consciência diurna".[326] Enquanto "imagens de sonho", as imagens dialéticas são imagens estáticas. Elas constituem-se como dialética em suspensão, como o próprio o afirma, isto é, imagens que manifestam e revelam, no seu estado de repouso, a plenitude de uma síntese autêntica [N 9a, 4] ou suspensão dialética.

O segredo do historiador é, com efeito, o seu olhar, capaz de destacar-se do "sonho colectivo", fazendo-o dissipar, revelando as fantasmagorias aos que sonham e que, por isso, ainda "não são conscientes do saber", vivendo, assim, num saber latente, um "saber sonhado"[327]. O aguilhão do "despertar", fissurando a ilusão do progresso e das fantasmagorias de uma época que vive na esperança optimista do progresso e da sua continuidade, originando a imagem dialética e autênticamente histórica, é justamente aquilo que provoca o acontecimento, isto é, o momento da *abertura messiânica.*

A imagem dialética, fulgurante e irrompendo das profundezas do sonho, suspende a continuidade e varre o passado à sua passagem como "uma bola de fogo"[328]. O tempo suspende-se, abrindo-se sob a forma, já não da sucessão, mas imagética. Esta, ao coagular-se, constitui-se como a apresentação do que não é representável, na voragem da continuidade: o instante puro, nascente e fulgurante, irradiando a claridade do conhecimento histórico.

Para Benjamin, que reconhece o século XIX como um "espaço de tempo" [*Zeitraum*] e também, um "sonho de tempo" [*Zeit-traum*], trata-se de uma consciência colectiva – aquela que sonha – que se "afunda cada vez mais num sonho profundo"[329]. Por oposição a este estado sonambúlico, a alegoria – relembro aqui os textos de Benjamin sobre Baudelaire e a experiência do choque, em *Charles Baudelaire, um Poeta Lírico no Apogeu do Capitalismo* – comporta consigo a possibilidade do "despertar histórico", operando como uma experiência destrutiva e necessária[330] e que prepara a consciencialização do fenómeno histórico (a sua origem), subtraindo-o às profundezas do sonho e da fantasmagoria. Todavia, é na teoria do progresso que encontramos a mais nefasta das fantasmagorias.

Se o sonho, por um lado, permite a descoberta das forças históricas latentes, uma vez que são desfeitas as relações tradicionais (e diurnas) do esquematismo do espaço e do tempo na experiência moderna, é só arrancando-se à dimensão do sonho que se torna possível aceder à verdade e à *origem do fenómeno histórico*, o qual se apresenta na imagem dialética. É, no entanto, à luz do despertar e da rememoração – dois conceitos que dizem respeito a duas actividades indistrinçáveis – que é trazida à luz do conhecimento a verdade histórica.

A irrupção do *despertar* é, como o nota Benjamin, o momento espoletador da narrativa em Proust[331], coincidindo com o levar a cabo essa tarefa que foi tão cara a Benjamin: a rememoração. Desta forma, o momento do *despertar* [*Erwachen*), mais do que uma simples transição do estado de sonolência para o estado de vigília, configura-se como uma verdadeira *metamorfose qualitativa*, um estado ou uma "zona" que permite a confrontação, apreendendo o carácter dialético da história. Trata-se do momento dialético, deflagrador da continuidade da história e que a desintegra. Veja-se a seguinte passagem, onde Walter Benjamin nos dá conta dessa íntima relação entre *despertar* [*Erwachen*), rememoração e dialética:

> (...) é o sonho que vos arranca ao sonho (...) O novo método dialético da ciência histórica apresenta-se como a arte de ver como um mundo desperto (...). Refazer o outrora na recordação do sonho! Assim, recordação e despertar estão muito estreitamente ligados. O despertar, com efeito, é a revolução coperniciana da rememoração[332].

Benjamin estabelece também uma relação fundamental que importa aqui frisar. Se ele lança mão dos conceitos da mística judaica, fá-lo, como certamente já o havíamos compreendido anteriormente, com uma finalidade dupla: fundar a sua visão histórica sobre a desintegração do historicismo positivista e estabelecer a sua crítica ao progresso. No cerne deste quadro teórico, é importante ressaltar, também, e à luz das relações até agora estabelecidas, a relação entre o conceito benjaminiano de rememoração [*Eingedenken*], *pedra de toque* do seu método da apresentação, com o conceito ou categoria judaica da recordação [*Zekher*], que designa, não a conservação na memória dos acontecimentos passados, mas sim *a sua reactualização na experiência presente.*

Devemos, assim, interpretar o alvo benjaminiano de "salvar" a história, não através da suposição de uma finalidade última, a redenção à maneira de uma utopia (ou uma meta), mas sim, e isso é que é crucial, como uma capacidade ou um princípio activo que, a cada instante, leva a cabo essa tarefa de reactualização do tempo[333], convertendo o "tempo homogéneo e vazio" em "tempo cheio, messiânico", o qual surge no momento em que se abole o tempo físico[334]. É, com efeito, a rememoração[335] que, opondo-se à memória voluntária, fugindo à linearidade de evocar um momento do passado, mas *transformando* ou *reactualizando* esse passado, efectua o gesto "transgressor" e, ao mesmo tempo, salvador.

Podemos agora compreender, relembrando a expressão já aqui utilizada, de *pedra de toque* para designar o poder operatório desse conceito. Não importa a Benjamin que essa história recorra à teologia, ainda que, no seu *Fragmento Teológico-político* tenha tido todo o cuidado em discriminar o âmbito de cada um dos domínios. O que interessa a Benjamin é que o tempo possa constituir-se na sua vertente messiânica, como o tempo cheio, opondo-se ao tempo físico, irreversível. Trata-se de "criar", assim, uma nova visão do tempo, qualitativa e diferencial e que se opõe radicalmente à visão racionalista e quantitativa, de um tempo homogéneo, defendida pelo positivismo historicista.

E essa transformação exige, sem dúvida, o recurso à teologia. O tempo cheio, messiânico, possui essa dimensão «teológica» justamente porque ele é concebido "como uma experiência interior, como um acontecimento do psiquismo" (Mosès, 2006, p. 176). Mais do que colocar uma categoria epistemológica, a visão benjaminiana da história é um projecto eminentemente ético/prático. A atentarmos na sua temática recorrente, que se exprime na imagem do anjo da história, o anjo de olhar alucinado que quer "salvar os mortos", ressuscitá-los, ainda que o vento lhe aprisione, mais do que as asas, o voo salvador, parece ser bem esse o correspondente ao olhar derradeiro e impotente do historiador Walter Benjamin.

6. Análise da tese IX: o Anjo da História, o prisioneiro do progresso e da catástrofe

Sabemos que Benjamin adquiriu o quadro de Paul Klee, *Angelus Novus*, na galeria de arte de Hans-Goltz, em Munique, no princípio de Junho de 1921, segundo o testemunho do seu amigo Scholem[336]. Desde o primeiro instante, o quadro de Paul Klee irá exercer um papel significativo nas suas reflexões, sobretudo como a inspiração fundamental das teses.

A tese IX é seguramente o texto mais conhecido, lido e interpretado de Benjamin, por várias razões. Aquilo que estrutura este texto é a tensão permanente que nele persiste: "Existe um quadro de Klee que se intitula «Angelus Novus». Ele representa um anjo que parece estar a afastar-se de qualquer coisa na qual o seu olhar permanece preso. Os seus olhos estão esbugalhados, a sua boca aberta, as suas asas abertas".

No rosto do anjo da história apresentam-se todos os sinais da perturbação e do horror perante a catástrofe: os olhos esbugalhados, a boca aberta. Ele afasta-se de qualquer coisa, mas não consegue desviar o seu olhar. O anjo, que deveria ser, como na tradição cabalística, a celebração do instante, aparece destituído dessa serenidade e dessa leveza cantante[337]. É uma figura de asas presas pela tempestade: "Tal é o aspecto que deve ter necessariamente o anjo da história. Ele tem o olhar voltado para o passado. Onde se apresenta uma cadeia de acontecimentos, ele não vê senão uma só e única catástrofe, que não deixa de amontoar ruínas sobre ruínas e as joga aos seus pés".

Ele tem o olhar dirigido para o passado e deseja salvá-lo, mas as suas asas estão presas pelo vento da tempestade que vem do paraíso e que o arrasta para o futuro: "Ele bem queria demorar-se, despertar os mortos e reunir o que foi separado." É bem o desejo de salvar o passado e de o redimir, reunindo o que está em ruínas, despertando os mortos (entenda-se, à luz da compreensão do texto *Sobre o Conceito de História*, os "vencidos").

Percebemos claramente que o seu desejo redentor é impedido pela tempestade que sopra do paraíso. Mais do que arrastá-lo na voragem da destruição e da aniquilação, impede-o de voltar atrás, de voltar a dobrar as asas e preparar-se para o voo salvador. "Esta tempestade empurra-o irresistivelmente para o futuro, ao qual ele volta as costas, ao mesmo tempo que as ruínas se acumulam diante dele até ao céu. Esta tempestade é o que nós chamamos o progresso." De rosto paralisado e petrificado, o anjo vê, diante dele, um campo de ruínas que se amontoa e se vai "acumulando" aos seus pés.

Esta acumulação, no meu entender, diz precisamente respeito à acumulação dos factos, numa ordem de sucessão temporal intrínseca à visão do progresso. E essa acumulação incessante é que constitui, no ponto de vista benjaminiano, a catástrofe, tal como ele o afirma claramente no *Livro das Passagens*[338]. Que as coisas continuem como antes, a prevalecer a ordem dos vencedores, na sua infernal repetição, eis o que é a catástrofe. Esta ideia de uma repetição infernal - a da história como catástrofe - também se apresenta na obra que Benjamin consagra ao drama barroco alemão.

Resultando de uma profanação da história, à luz da teoria que vê nela o drama da queda original e da expiação, o barroco vê na criatura o anúncio do cadáver[339] e na natureza o seu destino catastrófico. Visão radicalmente pessimista da história humana, no sentido em que a humanidade parece encerrar-se na "prisão" da sua natureza, o barroco e, nomeadamente, a tese contra-reformista, exclui a possibilidade da graça divina, condenando o homem a um mundo em pecado, dessacralizado e entregue ao desespero da culpa[340]. Falar da concepção barroca é, sem dúvida, remeter para a concepção pascaliana da culpa e da expiação, no seu mais exasperado aspecto.

O anjo da história queria parar, curar as feridas das vítimas, despertar os mortos que se encontram esmagados pelas ruínas, mas a tempestade arrasta-o inexoravelmente para a repetição do passado, cada vez mais destrutiva. Este é um anjo impotente, arrastado na voragem do progresso. Ele gostaria de "interromper a ordem do mundo", despertar os mortos e reunir o que foi disperso [*das Zerschlagene zusammenfügen*][341], mas o anjo não é o Messias, pois se o fosse teria a capacidade de interromper o curso da história.

Essa interrupção, do ponto de vista do materialista, só teria lugar se houvesse uma revolução, estilhaçando a continuidade, ou aquilo a que ele chama "o salto do tigre" dialéctico "no passado". Isto é, "o anjo da história é uma figura melancólica, que fracassa na imanência da história" na medida em que esta não pode ser salva senão por um *salto*, que faça sair o instante do acontecimento para fora do contínuo da história.

Todavia, a questão permanece, tal como ela se punha no *Fragmento Teológico-Político*. Será que a humanidade tem, ela própria, o poder de fazer deflagrar o progresso, abrindo a possibilidade à entrada num eixo totalmente diferente, isto é, messiânico? Benjamin não foi alheio a esta dificuldade e procurou encontrar um rosto para a redenção messiânica, para que o eixo do profano se encontrasse com o eixo teológico. Nas suas notas preparatórias para as Teses, afirma: "É preciso devolver ao conceito de sociedade sem classes o seu verdadeiro rosto messiânico e isso no próprio interesse da política revolucionária do proletariado"[342]. É por esta razão que Benjamin reconhece, justamente, na ideologia marxista da sociedade sem classes a secularização da redenção messiânica[343]. Para Marx, a sociedade comunista constituiria, de certa forma, o retorno ao comunismo primitivo e à primeira forma de sociedade sem classes, na "alvorada da história". Para Benjamin, a sociedade sem classes do futuro não é simplesmente o retorno à pré-história, no sentido em que ela contém em si, enquanto síntese dialética, todo o passado da humanidade. A verdadeira história universal, aquela que se funda sobre a rememoração universal de todas as vítimas sem excepção não será possível senão nessa futura sociedade sem classes.

A paragem messiânica é a ruptura da história, no ponto de vista benjaminiano, mas não é o "fim da história". Numa das suas notas preparatórias, Benjamin afirma: "O Messias interrompe a história; o Messias não aparece no fim de um desenvolvimento"[344]. Tal significa que, segundo a afirmação de Benjamin, a história universal do historicismo é falsa, constituindo-se como uma pura acumulação falsa e artificial, da mesma forma que o esperanto é, ele próprio, uma língua universal falsa, reunindo coisas não têm qualquer pertença entre si. Para ele, existirá, um dia, uma história universal verdadeira, tal como existirá um dia, uma língua universal verdadeira, a *ideia da prosa*[345]. E é no mundo messiânico, isto é, o mundo da actualidade verdadeira e integral, que esta história messiânica da humanidade liberta arderá como uma "lâmpada eterna" que inclui a totalidade do passado numa imensa *apocatastase*. Esse é o mundo em que a linguagem e a história se soltaram das "amarras da escrita", um mundo inaugural e novo, em que a linguagem alcança a sua máxima pureza, a dos nomes.

XIX
Conclusão

Após um estudo onde fica tanto por dizer, é difícil colocar um ponto final. E é ainda mais árdua a tentativa de uma síntese. Não quero, no entanto, menosprezar a relevância da conclusão, que pretende apenas a modéstia de traçar algumas das intuições, conclusões, perplexidades com que me fui dando conta, ao longo do trabalho.

Comecemos pelo paradoxo mais evidente, que, apesar de ter sido bastante analisado, nunca se nos afigura – e felizmente – tão claro e transparente como o desejaríamos: era Benjamin um pensador materialista ou teológico? Parece mais ou menos evidente que a conclusão não pode ser definitiva e creio que optar por uma ou outra resposta é sempre uma atitude redutora. O pensamento de Benjamin é uma arte do excesso, que extravasa todos os limites e margens que queiramos impor-lhe. Ele corre como um rio, cujas correntes se renovam a todo o instante e se cruzam fluidamente.

Atento ao detalhe, ao fragmento, "roubando" citações e imagens, o seu pensamento assemelha-se a uma respiração, como define o próprio. Ao falar do tratado, diz assim: "O pensamento volta continuamente ao princípio, regressa com minúcia à própria coisa. Este infatigável movimento de respiração é o modo de ser específico da contemplação. De facto, seguindo, na observação de um único objecto, os seus vários níveis de sentido, ela recebe daí, quer o impulso para um arranque constantemente renovado, quer a justificação para a intermitência do seu ritmo"[346]. Seguir o vestígio da sua escrita e determinar como se configuram, na constelação do seu pensamento, os temas e os conceitos operatórios foi o objectivo deste trabalho. Em particular, o tema do messianismo na sua obra e de que modo ele se estrutura nos vários domínios. Há uma estrutura messiânica, de facto, isso pressentira no início, com alguma cautela, mas que, ao mesmo tempo, me desafiava o suficiente para tentar descobrir os pontos que lhe são essenciais. A ideia persistente de haver uma estrutura messiânica na sua obra – mas não confundamos com sistema – confirma-se no confronto com os textos da sua juventude, até à descoberta do marxismo, com os últimos textos que Benjamin redigiu sobre a história, nomeadamente *Sobre o Conceito de História.*

Se os primeiros textos vinham eivados de um tom idealista e teológico, como *A Vida dos Estudantes* (1914-1915), *Sobre a Linguagem em Geral e Sobre a Linguagem Humana* (1916), *A Crítica da Violência* (1921), *A Tarefa do Tradutor* (1921), os textos tardios como *Sobre o Conceito de História* e as passagens que encontramos, particularmente, no *Livro das passagens,* conhecem um tom diferente e longe do idealismo juvenil, mas profundamente imerso nos temas da primeira fase e, especialmente, os da história e da linguagem messiânicas. É preciso evitar um "erro" clássico, ao olhar para Benjamin, que é o de ver uma "ruptura epistemológica" e radical, entre o primeiro período da sua obra e o período designadamente materialista dialéctico. Hiperlúcido e consciente da sua época, Benjamin acompanhou-a com o seu olhar. Viu o mundo e a história mudar brutalmente, nas suas configurações políticas e sociais. O desejo de compreender a sua época levou-o à leitura dos seus contemporâneos, já não Goethe e os Primeiros Românticos, Kant, que eram os autores que o ocupavam na sua primeira fase, mas também os teóricos revolucionários, os novos filósofos políticos e sociais, a par de uma eterna leitura apaixonada da literatura francesa. E esse facto, seguramente, alargou a sua visão filosófica.

Para melhor acedermos ao seu pensamento, Tentei, nos primeiros capítulos, ir ao encontro das suas primeiras influências de juventude. Tomámos como grande referencial o "momento romântico" que, no início, se constituiu como o centro das suas preocupações. O romantismo que atraiu Benjamin não era apenas uma escola literária e artística do início do século XIX. Tratava-se, como ele o compreendeu, de uma verdadeira visão do mundo, aquela que era capaz, ainda, de "salvar a tradição"[347] na actualidade. Como uma estrutura da sensibilidade ou uma forma de pensar, o romantismo manifestava-se em todas as esferas da vida cultural, desde o seu aparecimento com Schlegel e Novalis.

O que agradava a Benjamin – como aos jovens intelectuais da sua geração, era o romantismo constituir-se como uma crítica, em nome de valores pré-modernos (anteriores ao capitalismo). Que aspectos eram criticados: a quantificação da vida e a mecanização como tendências generalizadas, a dissolução da ideia de comunidade e o desencantamento do mundo[348]. A "visão romântica" do mundo não se contentava com o lamento estéril, mas reunia-se em torno de dois conceitos fundamentais que Benjamin compreendeu muito bem: a reacção ao mundo desencantado da sua época e a revolução. E, para a geração de Benjamin, não era a ideia de um retorno nostálgico que estava em causa, mas sim um "desvio" na filosofia que passava pela análise dos temas do conhecimento e da experiência. Um desvio que deveria ser feito em nome da utopia do futuro.

Mostrámos como, desde os primeiros artigos de Benjamin, publicados a partir de 1913, se revela a atracção do autor pela cultura romântica, mas sobretudo, pela aspiração a um novo ideal de cultura, de socialismo, referindo Benjamin, em "Romantik", que os profetas desse ideal se chamavam Tolstoi, Nietszche, Strindberg. Opunham-se ferozmente à decadência da era moderna, em que os homens eram tratados como "máquinas de trabalho", degradando a sua natureza espiritual. Já aqui se pode ouvir o eco da crítica de Benjamin à teoria do progresso e da sua ideologia. Mostrámos, igualmente, como, nesse texto paradigmático que é "A Vida dos Estudantes", Benjamin privilegia, entre as questões metafísicas, a questão da temporalidade da história como essencial. É logo neste texto que ressalta claramente a exigência de uma tarefa histórica que "tornasse visível" o reino messiânico, pensado como uma nova concepção da história totalmente em colisão com a visão do progresso. Assim, contrapõe, desde logo, as imagens messiânicas e revolucionárias, à tendência do progresso.

É precisamente, na introdução da sua tese de doutoramento, *O Conceito de Crítica da Arte no Romantismo Alemão,* que insiste que a essência histórica do romantismo "deve ser procurada no messianismo romântico", descoberta que fez a partir da leitura dos textos de Schlegel e de Novalis. Descobre nestes autores o ponto de partida da sua visão messiânica da história. Em Rosenzweig, ao ler a sua obra-prima *A Estrela da Redenção,* encontra a mesma ideia messiânica e uma concepção da temporalidade que tudo tem a ver com a sua. Os textos *A Crítica da Violência* e *O Fragmento Teológico-Político* (1938), embora de datas diferentes, acentuam esta articulação entre as imagens utópicas do reino messiânico e da revolução.

Tentei mostrar como era, para Benjamin, tão urgente fundar um novo conceito de conceito de experiência, patente no texto *Sobre o Programa da Filosofia Vindoura,* que fosse capaz de superar a pobreza do conceito de experiência legado pela *Aufklärung,* irremediavelmente contaminado pela visão excessivamente mecanicista e "pobre" da época. Não é tanto o ataque ao conceito de experiência kantiana que ele visa, mas vê no conceito de Kant o reflexo da insuficiência e dos limites da sua época. A metafísica relegada para outros campos que não apenas o do conhecimento, eis o que preocupava Benjamin. Era preciso, na sua óptica, restaurar a dignidade da experiência e elevar a experiência a um nível superior. Este constituía a possibilidade da experiência messiânica.

Não é possível falar de experiência em Benjamin sem remetermos imediatamente para a questão da linguagem. Se Hamann, que Benjamin tanto admirava, tinha conseguido abrir o conceito de experiência à metafísica, isso devia-se à sua filosofia da linguagem. Para Hamann, como para Benjamin, a linguagem era uma realidade metafísica e espiritual, mágica, na qual o homem encontrava a sua verdadeira essência. A linguagem era o próprio lugar da revelação, possuindo um estatuto verdadeiramente sagrado. Benjamin partilhava inteiramente a posição hamanniana e procurou, ele próprio, definir uma teoria da linguagem que a pudesse "salvar" da instrumentalização que lhe conferiam as teorias "burguesas" da linguagem. Era necessário colocar na linguagem a base metafísica capaz de fundar o conceito de experiência. Não há experiência superior sem uma teoria metafísica da linguagem. Só assim se pode cumprir a ultrapassagem do esvaziamento da humanidade, levado a cabo pela concepção mecanicista e pela ideologia do progresso. O conhecimento não é possível se não houver uma ultrapassagem da sua matriz essencial: o conceito de experiência. E esta não se torna possível sem uma verdadeira e autêntica teoria da linguagem.

Ter compreendido muito cedo tudo isto, ter tido uma visão lúcida dos passos que tinha de dar, fez com que Benjamin caminhasse de forma muito coerente e racional, sem concessões de espécie alguma. Era na linguagem, como plano originário da experiência, que tudo tinha a sua fonte, o seu princípio. Era na sua magia e na sua imediatez que era preciso encontrar a espiritualidade da experiência humana e, também, da própria historicidade. Da linguagem poderia seguir para qualquer lado, sem ela não poderia ir para nenhum lado. Constituiu tal evidência a mais profunda intuição de Benjamin. A linguagem estava na origem de tudo: do conhecimento humano, da experiência, da tradução, da própria construção da filosofia da história. A concepção benjaminiana da linguagem tem um ponto de fuga: a linguagem messiânica, isto é, a ideia de uma linguagem cuja essência proporcione o ponto de abertura para uma experiência superior, messiânica. Enquanto promessa, ela aponta-nos o reencontro, não apenas do homem consigo próprio e com as coisas – que ele nomeia e conhece – mas também do reencontro do homem com a sua própria historicidade. A tradução é disso o melhor exemplo, de um processo de desenvolvimento histórico das línguas que se movem para a língua pura, messiânica. É a tradução que permite a passagem secreta entre as línguas, na tensão que as leva à língua messiânica. E essa é também o destino final da história das línguas, como da própria história humana. A verdadeira, autêntica história universal, é transversal à linguagem universal. Nela se sonha a "actualidade integral e plena do mundo messiânico".

As ideias que constituem o fermento messiânico do pensamento benjaminiano conhecem um inopinado desenvolvimento com o materialismo dialético. Se, a partir de 1924, a sua leitura de Luckàcs o impressiona particularmente, é pelo facto de Benjamin descobrir na "luta de classes" do materialismo dialético um tema de eleição e que exprime uma imagem de revolução. A luta de classes e, consequentemente, a imagem de Marx, da sociedade sem classes, converte-se, ela própria, na imagem da revolução/redenção messiânica, na sua obra *Sobre o Conceito de História*. Todavia, e isso é que é um facto marcante, o materialismo histórico vem entrosar-se nas suas concepções mais antigas, transformando-se no conceito operatório mais poderoso para levar a cabo a sua crítica à visão do historicismo e à ideia da história vista como progresso. Porém, contrariamente ao marxismo evolucionista vulgar, Benjamin não concebe a revolução como um resultado «inevitável» do progresso económico e técnico nem sequer como o resultado da contradição entre as forças e as relações de produção. Para ele, a revolução acontece como uma interrupção da evolução histórica conduzindo à catástrofe. É precisamente por compreender este perigo da catástrofe da história que Benjamin reconhece ser um "pessimista revolucionário", recusando a resignação apática e fatalista. Este pessimismo, que tem de ser organizado, põe-se ao serviço da emancipação das classes oprimidas e o perigo que Benjamin adivinha e tenta a todo o custo evitar são as ameaças do progresso técnico, que conferem à história uma falsa continuidade e, também, uma falsa esperança. O *pessimismo*[349] benjaminiano consiste num olhar atento contra todos os "falsos optimismos" da história, todos os optimismos que se inspiram na ilusão do progresso. Essa é a verdadeira catástrofe e o olhar benjaminiano um aguilhão, reclamando a acção política[350] e a intervenção na história, em nome da reparação das injustiças.

Acrescentemos, ainda o texto de Benjamin, *Johann Jakob Bachofen* como uma das chaves mais importantes para perceber o seu método de construção da filosofia da história a partir das duas fontes que sempre estiveram presentes na sua concepção, isto é, o romantismo e o marxismo. A obra de Bachofen, diz Benjamin, tendo raízes românticas, fascinou por completo, tanto os marxistas quanto os anarquistas, pela sua "evocação de uma sociedade comunista na alvorada da história". Recusando as interpretações conservadora de Klages e fascista (de Bäumler), Benjamin sublinha a importância das teses de Bachofen.

É sobretudo entre os anos de 1936 e 1940 que Benjamin vai amadurecer as suas posições relativamente à filosofia da história. Subindo, cada vez mais, o tom da sua crítica às "ilusões do progresso", aos "sonhos colectivos" de que urge despertar, tecendo as mais duras críticas à sociedade capitalista, imersa no fetiche da mercadoria e das sua *rêveries* colectivas, ele dirige a sua argumentação contra o historicismo e contra o seu culto do progresso. Enquanto materialista dialético, Benjamin procura estabelecer uma distinção cada vez mais radical e profunda entre as filosofias burguesas da história e a materialista, procurando aumentar exponencialmente o seu potencial revolucionário.

A tentativa benjaminiana de (re) fundação do materialismo histórico nas teses passa também por uma apropriação selectiva dos temas marxistas – e, neste sentido, a sua crítica ao marxismo – que lhe pareciam indispensáveis, isto é, o Estado como dominação de classe, a luta de classes, a revolução social, a utopia de uma sociedade sem classes. Desta forma, o materialismo é revisto e corrigido pela teologia – e esse parece-nos ser o verdadeiro sentido da tese I. Reformulando criticamente o marxismo e integrando nele os "clarões" do messianismo, mas também do romantismo, dos anarquistas e dos libertários em geral. É perigoso dar nomes concretos a este pensamento insituável que é o de Benjamin como "marxismo romântico", por exemplo, ou "melancolia revolucionária". As perplexidades estão à nossa vista, todas as tentativas de fusão, pura e simples, são, por isso, perigosas. Preferimos falar de uma "abertura da história", num sentido mais lato. Porque é disso que se trata, foi precisamente o que Benjamin procurou levar a cabo, tal como Rosenzweig e Scholem o tentaram.

Trata-se também de criar um novo horizonte de reflexão sobre a história, assente numa dimensão outra da temporalidade. Tanto Stéphane Mosès quanto Gérard Bensussan se debruçaram demoradamente sobre este tema que é o da "desformalização do tempo". Como nos aparece em inúmeras passagens do *Livro das Passagens,* sobretudo no conceito de "imagem dialética", esta "desformalização" ocorre na suspensão dialética, em que se dá "a imobilização do instante, da captação do eterno num agora [*Jetzt*] sem fim". E é, com efeito, esta estratégia, esta "espera" que se designa pelo nome de Redenção, mas do ponto de vista da experiência colectivamente vivida. Neste sentido, esta "desformalização" leva a que os conteúdos do tempo experienciados como tempo vivido, como tempo "cheio" e qualitativo, se transformem em categorias do próprio tempo histórico. A eternidade, como diz Bensussan, é convidada para o instante do agora, que se apresenta na imagem dialética.

O historicismo concebia a história vista como uma linha contínua e homogénea, percebendo, assim, o tempo histórico de acordo com o seu modelo temporal físico e mecanicista, como uma cadeia infinita de factos. Por outro lado, compreender a história, à luz das perspectivas anteriores da história, era voltar o olhar para o passado e reconstitui-lo "tal como ele era verdadeiramente". É precisamente sobre este pano de fundo que se pode compreender a amplitude da ruptura da reflexão benjaminiana.

Pondo em evidência o papel do historiador na constituição da história, aquele que compreende a história não como um "dado", mas como o produto de uma actividade heurística, ele confere uma dimensão primordial ao instante do presente [*Jetzt*], pois só a partir dele se pode ler a história. É preciso, como ele diz, "salvar o objecto histórico", arrancando-o ao *continuum* do progresso, interrompendo o curso da catástrofe. Isto é, torna-se urgente "desformalizar" o tempo histórico, como já Santo Agostinho o havia feito, introduzindo uma outra concepção da temporalidade. Substituir assim um tempo irreversível e quantitativo, vazio, por um tempo "cheio" e qualitativo, isto é, o instante messiânico. Só a partir desta dimensão "cheia", se pode reparar o instante do outrora, numa constelação que é apresentada na imagem dialética. Só assim o fenómeno originário brilha, irrompendo como um clarão messiânico, na noite da história.

Gérard Bensussan afirma que: "A promessa messiânica sustentar-se-ia, sobretudo, numa fidelidade ao próprio tempo (...) O que ela compromete, compromete-o com o tempo, apesar dele, por vezes, mas contra ele nunca." Ora, esse tempo a que a promessa messiânica é fiel é o tempo puro, o tempo da rememoração, o tempo no qual o anjo gostaria de ressuscitar os mortos e parar a catástrofe. É, com efeito, nesta dimensão da actualidade, enquanto fissura da temporalidade onde se apresenta o rosto messiânico da história, que entrevemos a redenção humana. Ela irrompe no próprio coração do instante presente, actualizando a esperança, mostrando a história não como um "rosto moribundo" ou *facies hippocratica*, mas como o rosto verdadeiramente metamorfoseado e esplendoroso, ou seja, como esperança permanentemente reactualizada.

Para finalizar, o texto *Sobre o Conceito de História*, onde o autor desenvolve as mais acabadas reflexões sobre a história, é um texto profundamente inquietante, como que adivinhando os horrores históricos que se iriam suceder, após a assinatura do Pacto Molotov-Ribbentrop, o que mergulha Benjamin na mais profunda desilusão. As teses são desenvolvidas neste contexto político e social em que se sente insidiosamente a presença do terror que se avizinha. Talvez por isso tenha Benjamin assinado a sua última tese, na esperança da promessa messiânica. Um último gesto que nos salve, ainda, da catástrofe. Mas esse já não nos caberia a nós nem ao historiador, mas sim ao Messias.

*

Agradecimentos

Em primeira mão e porque é a primeira memória a assaltar-me, a Manuel Frias Martins, que me incentivou a publicar a minha tese de mestrado e me deu um rumo na investigação. Nunca desistiu da publicação do meu primeiro livro e sempre me motivou a continuar. Em segundo, a Eduardo Prado Coelho que, embora já não se encontre entre nós, sempre esteve particularmente atento ao meu trabalho e lembro-me da sua alegria, quando me ligava dando-me conta de mais um livro que eu «tinha» de ler.

A Maria Filomena Molder, pela paciência de orientadora, ao fim de tantos anos, e a Gérard Bensussan, que me acolheu em Strasbourg, onde a minha investigação foi fundamental para esta obra. A Danielle Cohen-Levinas, pelo seu afecto sempre presente, nessa época, e sempre.

Os meus agradecimentos não conseguem dar conta de todos os que foram meus amigos no Brasil, durante a época mais longa que lá passei, como Alberto Pucheu, Fabiana Fredigo, entre muitos alunos, cujo carinho conservo ainda hoje.

À minha família, que sempre me aturou os «desesperos» e o stress, as invariáveis queixas, que hoje parecem uma anedota, diante deste livro aqui acabado e, confesso que com algum receio, pronto para ir para o mundo. E aos meus amigos de sempre, que estão sempre na minha retaguarda, a dar-me força, como Ricardo Gil Soeiro, João Oliveira Duarte, Teresa Cadete, Helder Macedo, António Cabrita, Teresa Martins Marques, Júlia Coutinho, Helena Vasconcelos.

Por tudo isto lhes estou infinitamente grata.

Bibliografia

Abensour, M. (2000). *L'Utopie de Thomas More à Walter Benjamin*. Paris: Sens & Tonka.

Adorno, T. (1978). *Dialectique Negative*. Paris: Payot.

Adorno, T. (1984). *Notes sur la Littérature*. Paris: Flammarion.

Adorno, T. (1988). *Teoria Estética*. Lisboa: Edições 70.

Adorno, T. (1999). *Sur Walter Benjamin*. Paris: Gallimard.

Agamben, G. (1983). Langue et Histoire. Catégories historiques et catégories linguistiques dans la pensée de Walter Benjamin. Em H. Huisman, *Walter Benjamin et Paris*. Paris: Éditions du Cerf.

Agamben, G. (1991). *Le Langage et la Mort*. Paris: Christian Bourgois .

Agamben, G. (1993). *A Comunidade que vem*. Lisboa: Presença.

Agamben, G. (1993). *Infancy and History, essais on the destruction of Experience*. New York: Verso.

Agamben, G. (1998). *Stanze, parole et fantasme dans la culture occidentale*. Paris: Rivages Poche.

Agamben, G. (2000). *Le Temps qui reste*. Paris: Payot et Rivages.

Alter, R. (1991). *Necessary Angels. Tradition and Modernity in Kafka, Benjamin and Scholem*. Cambridge: Harvard University Press.

Andrew Benjamin e Peter Osborne. (1994). *Walter Benjamin's Philosophy*. London: Routledge.

Bégot, J.-O. (2004). *Sur le Messianisme Critique de Benjamin*. Paris: Jean Vrin.

Benjamin, W. (1972). *Gesammelte Schriften I*. Frankfurt am Main: Suhrkamp Verlag.

Benjamin, W. (1972). *Gesammelte Schriften IV*. Frankfurt am Main: Suhrkamp Verlag.

Benjamin, W. (1972). *Gesammelte Schriften VI*. Frankfurt am Main: Suhrkamp Verlag.

Benjamin, W. (1972). *Gesammelte Schriften VII*. Frankfurt am Main: Suhrkamp Verlag.

Benjamin, W. (1974). *Gesammelte Schriften II* (Vol. II). Frankfurt am Main: Suhrkamp Verlag.

Benjamin, W. (1979). *Allemands. Une série de lettres*. Paris: Hachette.

Benjamin, W. (1982). *Charles Baudelaire, Un Poète Lyrique à l'Apogée du Capitalisme*. Paris: Payot.

Benjamin, W. (1982). *Gesammelte Schriften V*. Frankfurt am Main: Suhrkamp Verlag.

Benjamin, W. (1986). *Le Concept de Critique Esthétique dans le romantisme allemand*. Paris: Flammarion.

Benjamin, W. (1993). *Briefe I*. Frankfurt am Main: Suhrkamp Verlag.

Benjamin, W. (1993). *Briefe II*. Frankfurt am Main: Suhrkamp Verlag.

Benjamin, W. (2004). *A Origem do Drama Trágico Alemão.* Lisboa: Assírio & Alvim.

Benjamin, W. (2006). *A Modernidade.* Lisboa: Assírio & Alvim.

Benjamin, W. (2006). Estética e Sociologia da Arte. Em W. Benjamin, *A Modernidade.* Lisboa: Assírio & Alvim.

Benjamin, W. (2006). Fragmentos Estéticos. Em W. Benjamin, *A Modernidade.* Lisboa: Assírio & Alvim.

Benjamin, W. (2007). *Walter Benjamin's Archive: Images, Texts, Signs.* London: Verso.

Benjamin, W. (2010). *O Anjo da História.* (J. Barrento, Trad.) Lisboa: Assírio & Alvim.

Bensaïd, D. (1990). *Walter Benjamin: Sentinelle Messianique.* Paris: PLon.

Bensussan, G. (2001). *Le Temps Messianique.* Paris: Jean Vrin.

Bensussan, G. (2004). Messianisme, Messianicité, Messianique. Em F. M. J. Benoist, *Une Histoire de l'Avenir - Messianicité et Révolution* (pp. 15-28). Paris: J.Vrin.

Bensussan, G. (2009). *Dans la forme du monde: Sur Franz Rosenzeig.* Paris: Hermann.

Bergson, H. (s/d). *Durée et Simultaneité.* Paris: PUF.

Berman, A. (1995). *L'épreuve de l'Étranger.* Paris: Flammarion.

Berman, A. (2008). *L'Âge de la Traduction.* Paris: Presses Universitaires de Vincennes.

Betz, A. (1983). Marchandise et Modernité. Notes sur Heine et Benjamin. Em Varia, *Walter Benjamin et Paris.* Paris: éditions du cerf.

Biale, D. (2001). *Gershom Scholem, Cabale et Contre-Histoire.* Paris: Éclat.

Bloch, E. (1977). *Héritage de ce temps.* Paris: Payot.

Bloch, E. (1977). *L'Espirit de l'Utopie.* Paris: Gallimard.

Bojanic, P. (2008). La Violence divine de Benjamin et le cas de Coré. *Revue LIgnes, 27,* 108-125.

Borges, J. L. (1988). A Biblioteca de Babel. Em J. L. Borges, *Obras Completas.* Lisboa: Teorema.

Bouretz, P. (2004). *Témoins du Futur, Philosophie et Messianisme.* Paris: Gallimard.

Cavalletti, A. (2010). *Classe.* Lisboa: Antígona.

Derrida, J. (1993). *Spectres de Marx.* Paris: Galilée.

Derrida, J. (2002). *Marx & Sons.* Paris: Galilée.

Derrida, J. (2005). *Force de Loi.* Paris: Galilée.

Fenves, P. (2001). *Arresting Language: From Leibniz to Benjamin.* Stanford: Stanford University Press.

Gagnebin, J. M. (2000). *Histoire et Narration chez Benjamin.* Paris: Harmattan.

Hamann, G. v. (2014). *Hamann'S Schriften: Th. Metakritik Über Den Purismum Der Reinen Vernunft.* Nabu Press.

Hamann, J. G. (2017). *Memoráveis*

Socráticas. Lisboa: Centro de Filosofia da Universidade de Lisboa.

Idel, M. (2005). *Mystiques messianiques: De la kabbale au hassidisme, XIIIe-XIXe siècle*. Paris: Calmann-Levy.

J. Benoist, F. M. (2001). *Une Histoire de l'Avenir - Messianicité et Révolution*. Paris: Jean Vrin.

Janz, R.-P. (1986). Expérience mythique et expérience historique au XIXe siècle. Em Varia, *Walter Benjamin et Paris*. Paris: ÉDitions du Cerf.

Justo, J. M. (2017). Um Argos a Norte J.G. Hamann: experiência da singularidade e periferia da Filosofia. Em J. G. Hamann, *Memoráveis Socráticas* (pp. 93-156). Lisboa: Centro de Filosofia da Universidade de Lisboa.

Lacoue-Labarthe, J. N. (1978). *L'Absolut Littéraire, Théorie de la Littérature du Romantisme Allemand*. Paris: Seuil.

Lacoue-Labarthe, P. (1986). Introduction. Em W. Benjamin, *Le Concept de Critique esthétique dans le romantisme allemand* (pp. 3-19). Paris: Flammarion.

Lavelle, P. (2008). *Religion et Histoire*. Paris: Éditions du Cerf.

Leibniz. (1991). *De l'horizon de la doctrine humaine. La restitution universelle*. Paris: Jean Vrin.

Löwy, M. (1988). *Rédemption et Utopie. Le Judaïsme Libertaire en Europe Centrale. Une étude d'Affinité élective*. Paris: PUF.

Löwy, M. (2001). *L'Avertissement de l'Incendie*. Paris: PUF.

Macedo, H. (1975). *Nós, Uma Leitura de Cesário Verde*. Lisboa: Plátano.

Macedo, H. (2017). *Camões e os seus contemporâneos*. Lisboa: Presença.

Menninghaus, W. (1980). *Walter Benjamins Theorie der Sprachemagie*. Frankfurt: Suhrkamp Verlag.

Michael Löwy, R. S. (2005). *Révolte et Mélancolie, le romantisme à contre-courant de la modernité*. Paris: Payot.

Missac. (1987). *Passage de Walter Benjamin*. Paris: 1987.

Missac, P. (1984). Sur un Nouvel avatar du Flâneur. *Le Promeneur, XXX*.

Missac, P. (1984). Walter Benjamin à la BIbliothèque Nationale. Em Varios, *Bulletin de la bibliothèque Nationale*. Paris.

Molder, M. F. (1984). A paixão de coleccionar em Walter Benjamin. *Prelo*, 59/68.

Molder, M. F. (1990). A Obra de Arte como Objecto de Saber. *Análise*.

Molder, M. F. (1993). Celui qui vient de se réveiller. *Internationale Zeitschrift für Philosophie*.

Molder, M. f. (1995). *O pensamento morfológico de Goethe*. Lisboa: Imprensa Nacional-Casa da Moeda.

Mosès, S. (1986). L'idée d'origine chez Walter Benjamin. Em Varia, *Walter Benjamin et Paris*. Paris: Éditions du Cerf.

Mosès, S. (2006). *L'Ange de l'Histoire*. Paris: Folio Éditions.

Nietzsche, F. (2011). *Escritos Sobre História*. Rio/S.Paulo: Editora Puc-Rio/ Edições Loyola.

Palmier, J.-M. (2006). *Le Chifonnier,*

l'Ange et le Petit Bossu. Paris: Klinksiek.

Philonenko, A. (1989). *L'École de Marburg*. Paris: Jean Vrin.

Proust, F. (1994). *L'Histoire à Contretemps. Le Temps Historique chez Walter Benjamin*. Paris: Éditions du Cerf.

Pulliero, M. (2005). *Le désir d'authenticité Walter Benjamin et l'héritage de la Bildung allemande*. Paris: Bayard.

Raulet, G. (1997). Le caractère destructeur - Esthétique, Théologie et Politique chez Walter Benjamin. Em G. Raulet, *La Philosophie de l'Histoire* (pp. 187-194). Paris: Aubier Philosophie.

Rosenzweig, F. (2003). *L'Étoile de la Rédemption*. Paris: Seuil.

Rouanet, S. P. (1990). *Édipo e o Anjo*. Rio de Janeiro: Biblioteca Tempo Universitário.

Rouanet, S. P. (1993). *A Razão nômade, Walter Benjamin e outros viajantes*. S. Paulo: Ed. Brasiliense.

Rouanet, S. P. (1994). *As Razões do Iluminismo*. S. Paulo: Companhia das Letras.

Rouanet, S. P. (1994). Prefácio. Em W. Benjamin, *A Origem do Drama Barroco Alemão*. São Paulo: Iluminuras.

Schmitt, C. (2010). *Political Theology*. Chicago: Chicago University Press.

Scholem, G. (1981). *Histoire d'une amitié*. Paris: Calmann-Lévy.

Scholem, G. (1983). *Le Nom et les symboles de dieu*. Paris: éditions du Cerf.

Scholem, G. (1995). *The Messianic Idea in Judaism*. New York: Schocken Books.

Scholem, G. (1995). *Walter Benjamin et son ange*. Paris: Rivages.

Seligmann-Silva, M. (1999). *Ler o Livro do Mundo*. S. Paulo: Iluminuras.

Tagliacozzo, T. (2003). *Esperienza e compito, infinito nella filosofia del primo Benjamin*. Roma: Quidlibet.

Tiedeman, R. (1987). *Études sur la Philosophie de Walter Benjamin*. Arles: Actes du Sud.

Traverso, E. (2016). *Mélancolie de Gauche*. Paris: Éditions la Découverte.

Wholfarth, I. (1986). Et Cetera? De l'historien comme chiffonnier. Em Varia, *Walter Benjamin et Paris*. Paris: Gallimard.

Witte, B. (1997). *Walter Benjamin: An Intellectual Biography*. Wayne State: Wayne State University Press.

Notas de fim

1 Que períodos são propícios ao desenvolvimento da técnica e das tecnologias senão os que preparam as guerras?
2 Macedo Helder, *Nós, Uma Leitura de Cesário Verde*, Lisboa: Plátano (1975).
3 Idel. M., *Mystiques Messianiques: de la Kabbale au Hassidisme, XVIIIe-XIXe siècle,* Calmann-Levy, Paris, 2005.
4 Ibidem, p. 31.
5 Ibidem.
6 Scholem, G., *The Messianic Idea in Judaism,* Schocken Books, New York, 1995, p. 1.
7 Idel, *Op. cit.*, p. 69.
8 Ibidem.
9 Scholem, *Op. cit.*, pp. 4, 5.
10 Nos textos de Helder Macedo sobre a tradição de poetas como Bernardim Ribeiro e Sá de Miranda, a tradição judaica impregna os seus textos, tese que o autor defende no seu mais recente ensaio *Camões e os seus Contemporâneos,* Editora Presença, Lisboa, 2017.
11 Idel, M. *Op. cit.,* p. 340.
12 Bensussan, Gérard, *Le Temps Messianique,* Paris, J. Vrin, 2000, p. 55.
13 Ibidem.
14 Bensaïd, Daniel, *Walter Benjamin: Sentinelle Messianique,* Plon, Paris, 1990, p. 201.
15 Ibidem.
16 Mosès, Stéphane, *L'Ange de l'Histoire,* Folio Éditions, Paris, 2006, p. 155.
17 Benjamin, Walter, *Briefe, I,* Suhrkamp Verlag, Frankfurt am Main, p. 694.
18 Bensussan, *Op. cit.,* p. 7.
19 Agamben, Giorgio, *Le Temps qui Reste,* Payot et Rivages, Paris.
20 Bensussan, *Op. cit.,* p. 8.
21 Bensussan, *Op. cit.,* p. 11.
22 Agamben, *Op. cit.,* p. 103.
23 Ibidem, p. 104.
24 Ibidem.
25 Agamben, *Op. cit.,* p. 105.
26 Benjamin, Walter, *Gesammelte Schriften., V,* Suhrkamp Verlag, Frankfurt am Main, p 129.
27 Agamben, *Op. cit.,* Ibidem.

28 Ibidem.
29 Bensussan, *Op. cit.*, 50.
30 Ibidem.
31 Idem.
32 Bensussan, *Op. cit.*, p. 22.
33 Sem dúvida, o melhor exemplo é o paradigma de S. Agostinho, na obra *Civitate Dei.*
34 Cf. Obra de Jean-Michel Palmier, *Le Chiffonier, L'Ange et le Petit Bossu,* Klinksieck, Paris, 2006. Neste estudo, o autor estabelece uma relação entre o desenvolvimento do pensamento de Benjamin e o seu contexto histórico. Também na obra de Jennings e Eiland, *A Critical Life,* Harvard University Press, New York/London, 2014, essa interrelação aparece de forma estruturada e aprofundada, o que ajuda bastante a compreender as nuances do pensamento do autor.
35 Bergson, Henri, *Durée et simultaneitée,* PUF, Paris, s/d, p. 61.
36 Bensussan, *Op. cit.*, p. 43.
37 Benjamin, Walter, *O Anjo da História,* ed. Assírio & Alvim, 2010, Lisboa, p. 20.
38 Benjamin, W., *Briefe I,* Suhrkamp Verlag, Frankfurt am Main, p. 120.
39 Benjamin, *Gesammelte Schriften,* II, p. 78.
40 Ibidem, p. 82.
41 Ibidem, p. 75.
42 Benjamin, *Gesammelte Schriften* II, p. 75.
43 Ibidem.
44 Benjamin, *Gesammelte Schriften* II, pp. 91-104.
45 Benjamin, *Briefe I*, p. 127.
46 Ibidem.
47 Benjamin, *Gesammelte Schriften* IV, p. 11.
48 Ibidem, p. 14.
49 Benjamin, *Gesammelte Schriften* I, pp. 103, 105.
50 Agamben, "Langue et Histoire. Catégories historiques et catégories linguistiques dans la pensée de Walter Benjamin", Éditions du Cerf, Paris, 1986, p. 793.
51 Benjamin, *Gesammelte Schriften* I, p. 100.
52 Ibidem.
53 Benjamin, *Gesammelte Schriften* I, p. 101.
54 Ibidem.
55 Ibidem, p. 103.

56 Ibidem.

57 Benjamin, *Gesammelte Schriften* I, pp. 125-210.

58 Morticador no sentido alegórico, para obrigar a obra a significar.

59 Benjamin, *Gesammelte Schriften* I, p. 84.

60 Ibidem.

61 Benjamin, *Gesammelte Schriften* I, p. 87.

62 Benjamin, *Gesammelte Schriften* I, p. 357.

63 Benjamin, *Gesammelte Schriften* I, p. 125.

64 Benjamin, *Gesammelte Schriften,* II, p. 46.

65 Ibidem.

66 Benjamin, *Gesammelte Schriften* II, pp. 16-35.

67 Löwy, Michael, *Révolte et Mélancolie,* Payot, Paris, 2005, p. 47.

68 Benjamin, *Briefe I,* p. 137.

69 Benjamin, *Gesammelte Schriften* I, p. 138.

70 Benjamin, *Briefe I,* p. 151.

71 Benjamin, *Briefe I,* p. 161.

72 Como vimos no capítulo referente à análise do texto *A Vida dos Estudantes,* a ideia de "tarefa infinita" ligada à tarefa messiânica, é uma ideia neo-kantiana que Benjamin tomou conhecimento na leitura dos textos de Hermann Cohen. A ideia de tarefa infinita, à qual Benjamin se refere amiúde, quando expõe a sua pretensão de estudar Kant, é um conceito de Cohen, que este desenvolveu em obras como *System der Philosophie* (1902-1912), *Der Begriff der Religion im System der Philosophie* (1915) e em *Religion der Vernunft aus den Quellen des Judentums* (1919).

73 Benjamin, *Briefe I,* p. 138.

74 Lacoue-Labarthe, J.N., *L'Absolu Littéraire, Théorie de la Littérature du Romantisme Allemand,* Seuil, Paris, 1978, p. 214.

75 Benjamin, *Gesammelte Schriften* II, pp. 72-74.

76 Benjamin, *Briefe I,* 138.

77 Ibidem.

78 Ibidem, p. 145.

79 Benjamin, *Briefe I,* p. 150.

80 Ibidem, p. 138.

81 Idem, p. 75.

82 Benjamin, *Briefe I,* p. 202.

83 Benjamin, *Briefe I,* 208.

84 Lacoue-Labarthe, "Introduction", *Le Concept de Critique Esthétique dans le Romantisme Allemand,* Flammarion, Paris, 1986, p. 15.

85 Nomeadamente em «Considerações Intempestivas».
86 Contra esses filisteus, Nietzsche opõe o ideal da cultura e da criação. Na primeira *Consideração Intempestiva,* o modelo do filisteu é David Strauss, crítico de Schopenhauer. Na oposição a este filisteu surge o artista criador como o novo modelo.
87 Benjamin, *Gesammelte Schriften* II, pp. 13, 14.
88 Benjamin, *Briefe I*, pp. 92, 93.
89 Benjamin, *Gesammelte Schriften* II, p. 75.
90 Mosès, S., *Op. cit.*, p. 21.
91 Ibidem, p. 22.
92 Benjamin, *Gesammelte Schriften* II, pp. 54-57.
93 Mosès, *Op. cit.*, p. 22.
94 É justamente neste período em que se constata a falência deste modelo histórico do século XIX que aparecem as obras de Rosenzweig, *A Estrela da Redenção,* de Ernst Bloch, *O Espírito da Utopia,* de Scholem e de Benjamin, entre outros autores, como Moses Hess, Hermann Cohen, etc. Não é por acaso que tal acontece, mas precisamente para fazer contracorrente com a ideologia do progresso.
95 Mosès, *Op. cit.*, p. 24.
96 Tagliacozzo, Tamara, *Esperienza e compito, infinito nella filosofia del primo Benjamin,* Quidlibet, Roma, 2003, p. 75.
97 Benjamin, *Gesammelte Schriften I*, p. 1231.
98 Löwy, Michael, *L'Avertissement de l'Incendie,* editora PUF, Paris, 2001, p. 704.
99 *Gesammelte Schriften, II, I,* "Trauerspiel und Tragödie", pp. 133-137. Neste texto, Benjamin distingue claramente os dois tipos de concepção e de temporalidade que lhes são subjacentes, afirmando que o tempo que suporta a sua concepção da história não é redutível ao tempo da mecânica, recusando a visão matemática e homogénea da temporalidade enquanto suporte da história. A ideia do tempo completo, segundo Benjamin, "é a ideia histórica que domina na Bíblia e tem um nome: tempo messiânico."
100 Benjamin, *Gesammelte Schriften,* II, pp. 91- 104.
101 Benjamin, *Gesammelte Schriften,* VI, pp. 96-101.
102 Ibidem, p. 98.
103 Ibidem, p. 102.
104 Ibidem, pp. 103, 104.
105 Friedrich Nietszche, *Assim Falava Zaratustra,* 1ª parte, cap. 6, ed. Guimarães, Lisboa, 1985, pp. 19-21. O funâmbulo atravessa a corda que

se encontra presa entre duas cordas, quando, de repente, se abre a portinhola e salta ao seu caminho "um rapaz cheio de cores que parecia um palhaço", que correu contra ele. Subitamente, lança um grito diabólico e salta por cima do outro. Este, surpreendido pela vitória do palhaço, cai da corda e estatela-se na praça, enquanto a multidão fugia.

106 É aliás essa resistência que lhe traz tantos dissabores ao longo da sua vida. A autonomia do seu pensamento não cessa de desiludir Scholem – pelo facto de Benjamin recusar a mística e a teologia judaica – como também decepciona Brecht – pela falta de radicalidade do seu pensamento político e social – e, ainda, Adorno, nas inúmeras e constantes críticas que este tece aos seus conceitos. Nunca suficientemente místico, para alguns, nunca suficientemente político para outros, nunca suficientemente racionalista para os restantes.

107 Benjamin, *Gesammelte Schriften,* I, p. 201.

108 Embora seja um termo comum e generalizado, na análise dos autores que se encontram ligados a Benjamin, é de ressalvar sempre o facto de Benjamin não utilizar o termo.

109 Benjamin, *Gesammelte Schriften,* II, p. 203.

110 Ibidem.

111 Raulet, Gérard, *Le Caractère Destructeur,* Aubier, Paris, 1997, p. 191.

112 Ibidem.

113 Benjamin, *Gesammelte Schriften,* II, p. 204.

114 Ibidem.

115 Mais tarde, em 1937, Benjamin manterá uma forte polémica com Horkheimer, justamente a propósito da questão da felicidade. Cf. *G.S., II, 3,* "Anmerkungen zur Seite 465-505", p. 1338. Trata-se de saber se a infelicidade é irreversível ou se a felicidade é, por natureza, o inacabado. Benjamin responder-lhe-á, citando dois versos de Ibsen: "A felicidade não nasce senão da perda/Só é eterno o que é perdido." [*Glück wird aus Verlust geboren, /Ewig ist nur, was verloren*].

116 Ibidem, p. 204.

117 Benjamin, *Gesammelte Schriften,* I, p. 390.

118 Trata-se da interrupção messiânica operada pelo instante destrutivo e deflagrador da continuidade histórica, em que o fenómeno histórico se apresenta na imagem dialética.

119 Benjamin, *Gesammelte Schriften.* II, pp. 179-203.

120 Georges Eugène Sorel (1847-1922) teve uma trajectória política muito peculiar, considerando a violência como uma força motriz importante na

política e uma arma ao serviço do seu projecto político. Porém, Sorel distinguia claramente a força bruta da violência que aqui se considera, desprezando as formas repressivas de governo. Autor controverso, Sorel esteve quase sempre do lado da esquerda socialista e revolucionária, mas admirou igualmente alguns autores da extrema-direita anárquica. E as suas ideias foram aceites e muito discutidas, tanto pela extrema-esquerda revolucionária, como pelos anarco-sindicalistas e algumas correntes da direita.

121 Embora considerado como um "jurista maldito" pela sua relação estreita com o nazismo e o facto de as suas teorias legitimarem o mesmo, no entanto, foi um jurista de grande importância para a discussão e estabelecimento das leis políticas e considerado um dos grandes teóricos e referências da filosofia política nessa época. Benjamin foi muito influenciado, sobretudo, sobre a questão do "estado de excepção", do qual Benjamin trata desenvolvidamente em *Origem.* Benjamin tinha por Schmitt um grande respeito e, na altura da publicação de *A Crítica da violência,* Schmitt dirigiu-lhe uma entusiástica carta de felicitações.

122 Benjamin, *Gesammelte Schriften* II, p. 199.

123 Ibidem, p. 199.

124 Tal como ela o era em Georges Sorel.

125 *G.S., II, I,* p. 179: "A questão que permaneceria sempre em aberto é a saber se a violência em geral é moral, quer enquanto princípio, quer como meio para fins justos".

126 Ibidem, p. 179.

127 *G.S., II, I,* p. 199: "Porque o sangue é o símbolo da vida simples." Esta alusão ao sangue é, para Benjamin, discriminatória. É ela, apenas, que parece permitir, aos seus olhos, identificar a fundação mítica e violenta do direito no mundo grego, da violência divina no judaísmo.

128 Derrida, Jacques, *Force de Loi,* Galilée, Paris, 2005, p. 125.

129 Ibidem, p. 200.

130 Como reconhece Derrida, *Op. cit.*, p. 126, "o que faz o preço do homem, do seu Dasein e da sua vida, é de conter a potencialidade, a possibilidade da justiça, o advir da justiça, o advir do seu ser-justo, do seu ter-de-ser justo. O que é sagrado na sua vida, não é a sua vida, mas a justiça da sua vida.

131 No mesmo sentido em que era puro o gesto que aniquilava a ordem profana da história, para fazer emergir um outro plano da história messiânica, nos últimos parágrafos do *Fragmento Teológico-político,* já analisados anteriormente.

132 Ibidem, p. 89.

133 Ibidem, p.190.

134 Benjamin, *Gesammelte Schriften* II, p. 202.

135 Ibidem, p. 203.

136 É preciso aproximar-nos com precaução deste termo "revolucionário", quando aplicado à violência. Se a violência divina é, aqui, revolucionária, é-o num sentido messiânico e reparador, pois instaura a justiça autêntica e libertadora porque reparadora. No entanto, o termo "revolucionário" irá aparecer posteriormente com uma força inusitada no texto *Sobre o Conceito de História.* Só aqui Benjamin desenvolve plenamente a acepção de revolucionário, sempre numa relação directa com a instauração da justiça e a reparação da história dos vencidos.

137 Benjamin, *Gesammelte Schriften* II, pp. 202, 203.

138 Ibidem, p. 2014.

139 É sobretudo nalgumas cartas que Benjamin dirige a Scholem que podemos constatar essa preocupação com a tradição. Numa carta de Junho de 1917 (v. *Briefe I,* p. 138), em que afirma a Scholem que o Romantismo "é o último movimento que pode salvar a tradição", de 6 de Setembro de 1917, por exemplo, em que se confronta com as questões da tradição e da educação (v. p. 145).

140 Cito particularmente o seu amigo Scholem, Michael Löwy, Arno Münster, etc.

141 Benjamin, *Gesammelte Schriften* I, p. 1235.

142 Benjamin, *Gesammelte Schriften* II, p. 147.

143 Benjamin, *Gesammelte Schriften* II, pp. 55-57.

144 Benjamin, *Briefe* I, p. 63.

145 Benjamin, *Gesammelte Schriften* II, p. 215.

146 Benjamin, *Gesammelte Schriften* II, p. 440.

147 *G.S.,I, 2*, "Sobre alguns temas baudelaireanos": "Tal é a experiência vivida que Baudelaire pretendeu elevar à categoria de verdadeira experiência. Ele descreve o preço que o homem moderno deve pagar para a sua sensação: o afundamento da aura na experiência vivida do choque", pp. 652, 653. O tema da perda da aura é, também, o da perda da experiência. A "experiência vivida do choque [*Chockerlebnis*]", vivida no século XIX e de que Benjamin tanto nos fala nos estudos sobre Baudelaire, exprime o desencanto do homem da sociedade capitalista, desencanto esse que nasce da destruição daquilo a que Walter Benjamin chamou a experiência autêntica, tendo como a sua marca ou característica fundamental o

conceito de aura. Toda a compreensão da obra de Baudelaire obedece à equação desta relação, na óptica de Benjamin, convertendo-se, mesmo, no princípio absolutamente fundamental da sua lírica e a expressão disso é a alegoria.

148 Por isso Benjamin afirma no "Prefácio", que "é próprio da literatura filosófica o ter de confrontar-se a cada passo com a questão da *apresentação* (*Darstellung*)". Enquanto a matemática dispensa os problemas da equivocidade da língua materna, já a filosofia e a prosa filosófica são confrontadas a todo o momento com a respiração da linguagem materna. V. *G.S.*, *I, 1*, "Erkenntniskritische Vorrede", p. 207.

149 Benjamin, *Gesammelte Schriften* I, p. 207.

150 Molder, Maria Filomena, *O Pensamento Morfológico de Goethe*, Imprensa Nacional - Casa da Moeda, Lisboa, 1995, p. 37.

151 *G.S.*, *II, 1*, pp. 142, 143: "O que é próprio do, de outra forma dizendo, a *imediatez* de toda a comunicação espiritual, é o problema fundamental da teoria da linguagem e, se quisermos qualificar de mágica esta imediatez, o problema original da linguagem é a sua magia." Cf. também *Briefe I*, p. 126, onde Benjamin afirma a Martin Buber (carta de Junho de 1916): "Mas do ponto de vista da produção de um efeito, quer se trate de literatura poética, profética, objectiva, eu não a posso conceber senão como *mágica*, ou seja, *não-mediatizável.*"

152 *G.S.*, *I, 3*, B 14, p. 1239. Também aqui podemos encontrar essa ideia de uma língua messiânica como promessa: "O mundo messiânico é o mundo da actualidade total e integral. Não existe nele senão uma história integral. (...) A sua língua é a própria *ideia da prosa*, que é compreendida por todos os homens, tal como a língua dos pássaros é compreendida pelas crianças abençoadas ao domingo".

153 Menninghaus, 1980, p. 205.

154 É uma citação fundamental que aparece no texto de Benjamin e que remete, precisamente, para esta questão: "*Língua, a mãe* da Razão e *Revelação*" (*G.S.*, *II, 1*, p. 147).

155 *Recepção da Crítica da Razão Pura*, p. 144: "Fica, por conseguinte, ainda uma questão capital: como é possível a faculdade de pensar? Como é possível a faculdade de pensar à direita e à esquerda, antes e sem, com e para além da experiência? Não é preciso qualquer dedução para demonstrar a prioridade genealógica da linguagem e da sua heráldica sobre as sete sagradas funções das proposições e conclusões lógicas."

156 Benjamin, *Briefe* I, pp. 149-158.

157 Inicialmente, Benjamin havia pensado como título do seu doutoramento "A noção de «tarefa infinita» em Kant". Mais tarde centrar-se-á no estudo do conceito de Crítica de Arte do romantismo, tomando esse tema como objecto do seu doutoramento.

158 Na sua obra de 1784, *ideia de uma História Universal com um propósito cosmopolita,* Kant desenvolve nove proposições relativas ao desenvolvimento histórico da moralidade humana. Na oitava proposição, refere-se à história humana no seu conjunto, "como a execução de um plano oculto da natureza a fim de levar a cabo uma constituição estatal interiormente perfeita e, com este fim, também perfeita no exterior, como o único estado em que aquela pode desenvolver integralmente todas as disposições da moralidade humana." Ora, de acordo com Kant, este aperfeiçoamento exige a infinitude do tempo, daí a razão para falar da história como uma "tarefa infinita" de desenvolvimento da moralidade e do aperfeiçoamento total das disposições humanas. Cf. tradução de Artur Morão. O conceito de "tarefa infinita" é, no entanto, utilizado por Hermann Cohen, na sua obra *A Teoria Kantiana da Experiência* (*Kants Theorie der Erfahrung*). A propósito da influência de Hermann Cohen sobre o pensamento benjaminiano, cito a obra de Tamara Tagliacozzo, já referida nos capítulos anteriores.

159 Benjamin, *Briefe* I, p. 138.

160 É precisamente em 1871 que H. Cohen acaba a sua obra *A Teoria Kantiana da Experiência* (*Kants Theorie der Erfahrung*). Scholem e Benjamin frequentaram os cursos de Hermann Cohen em Berlim, antes da Guerra de 14/18.

161 Benjamin, *Gesammelte Schriften* II, p. 158.

162 Benjamin, *Briefe* II, p. 159.

163 Ibidem, p. 160.

164 Ibidem.

165 Seligmann-Silva, *Op. cit.*, pp. 125, 126.

166 Ibidem, p. 163.

167 Benjamin, *Gesammelte Schriften* II, p. 167.

168 O termo de "experiência messiânica" não aparece no texto, mas ele encontra-se latente nesse anseio de um conceito de experiência superior, que religa história, ciência e religião. Onde encontramos essa fusão entre religião e história, senão na perspectiva messiânica, como Benjamin já havia referido, anteriormente a Carla Seligson?

169 Benjamin, *Gesammelte Schriften* II, p. 163.

170 Ibidem, p. 64.

171 Ainda que não refira o termo "messiânico", Benjamin fala sempre de tarefa, de uma metafísica futura, assente num conceito de experiência superior, a qual religa história, ciência, religião. Ora, esse "estado de perfeição moral e ética" que convém à experiência superior, Benjamin já o referiu anteriormente no texto *A Vida dos Estudantes*. Por outro lado – e isto é uma interpretação nossa – já Benjamin havia preparado este texto com a redacção do texto sobre a linguagem, onde aludia claramente a uma concepção da linguagem messiânica.

172 Justo, J.M., "Um Argos a Norte. J. H. Hamann: experiência da singularidade e periferia da Filosofia", in J. H. Hamann, *Memoráveis Socráticas*, Centro de Filosofia da Universidade de Lisboa, Lisboa, 2017, p. 109.

173 Ibidem, p. 125.

174 Ibidem, p. 120.

175 Benjamin, *Gesammelte Schriften* II, p. 142.

176 Cf. a obra de Scholem, *Walter Benjamin, Histoire d'une amitié*, traduit par Paul Kessler, ed. Calmann-Lévy, Paris, 1981,p. 51: «Foi igualmente nesta época [1915] que Benjamin se começou a interessar por Franz von Baader (...) assim como por Franz Joseph Molitor, um aluno de Schelling e de Baader. Molitor era o único autor filosófico de língua alemã digno de ser tomado seriamente, especializado na cabala.»

Na correspondência de Benjamin, sobretudo nas cartas que Benjamin lhe escreve de Dachau, a 23 de Maio de 1917 e em Junho do mesmo ano, respectivamente, podemos ler o extremo interesse de Walter Benjamin pelos textos de Baader e Molitor, mas também pelos românticos Friedrich Schlegel, Novalis, autores que, sem dúvida, estão muito presentes, tanto no estudo da linguagem como da tradução e, ainda, no estudo que publicará sobre o romantismo, *O Conceito de Crítica de Arte no Romantismo*. CF. Walter Benjamin, *Briefe I*, pp. 134/139.

177 *Briefe, I*, pp. 126, 127, numa carta datada de Julho de 1916.

178 Idem: "Por quase todo o lado se impõe como evidência que a literatura deveria ser susceptível de influenciar o mundo ético e a acção dos homens, fornecendo-lhes os motivos para a acção."

179 Agamben, "Langue et Histoire. Catégories historiques et catégories linguistiques dans la pensée de Walter Benjamin", *Walter Benjamin et Paris*, Éd. Cerf, Paris, 1986.

180 Scholem, *Histoire d'une amitié*, Éditions PUF, Paris, 1981, p. 12.

181 Ibidem.

182 Aparece uma primeira referência à obra de Rosenzweig numa carta de Benjamin a Scholem, datada de 20 de Julho de 1921, onde Benjamin refere a leitura da sua obra *A Estrela da Redenção* [*Die Stern der Erlosung*], publicada em 1921. Cf. *Briefe I*, p. 265. Numa outra carta de Fevereiro de 1925 (p. 373), fala a Scholem de Rosenzweig, a propósito da sua teoria do trágico, bem como de Florens Christian Rang.

183 Scholem, *The Messianic Idea in Judaism*, Harvard Press, New York, 1995.

184 Biale, *Op. cit.*, 2001, p. 25.

185 Benjamin, *Briefe* II, p. 526.

186 No caso de Scholem e Buber, a questão era sobretudo de origem política, no sentido em que ambos partilhavam um sionismo que os unia. No caso de Benjamin e Buber foi sobretudo a oposição de Benjamin à instrumentalização da linguagem (em Buber) ao serviço dos seus intentos morais e políticos. Todavia, o pano de fundo no qual se situavam todas as discussões entre os três homens relaciona-se sempre com a questão do judaísmo e da tradição, no que ele pode aplicar-se às questões da linguagem e da história.

187 E esse era essencialmente o aspecto que interessava, quer a Scholem, quer a Buber: comunicar a experiência mística, o que demarca claramente estes autores de Benjamin, como veremos.

188 Benjamin, *Briefe* I, p. 125-128.

189 A teoria da linguagem de Böehme faz a sua aparição na obra de Benjamin, *Origem,* já na parte quase final da sua obra, quando Benjamin refere a relação entre escrita e o som. Citando a própria obra de Böehme, *De Signatura rerum,* que foi publicada em 1682, Benjamin recorre à sua teoria para explicar a relação mística entre a palavra e a escrita, à luz da própria alegoria. Cf. "Sprachtheoretisches aus dem Barock", *G.S.*, *I, 1*, pp. 376-379.

190 Scholem, *Le Nom et les symboles de dieu*, 1983, p. 57.

191 Veja-se, a este propósito, David Biale, *Op. cit.*, pp. 184, 185, 186. É, sobretudo, na obra de Buber, *Confissões extáticas* [*Ekstatische Konfessionen*], que ele inscreve a sua teoria da linguagem no contexto da sua metafísica. Para Buber, enquanto a experiência perceptiva [*Erfahrung*] pode ser conceptualizada através das palavras, a outra experiência, a mística, a do êxtase, a *Erlebnis* está "para lá de toda a palavra e de toda a percepção." (p. 186).

192 Biale, *Op. cit.*, p. 192.

193 Benjamin, *Gesammelte Schriften* II, p. 145.

194 Benjamin, *Gesammelte Schriften* II, p. 197.

195 Esta ideia, segundo a qual a linguagem é mais um corpo de símbolos do que um sistema de signos arbitrários, em que o homem se serve da linguagem para dar forma e configurar as percepções dos sentidos, dá conta de uma afinidade entre os neo-kantianos e Benjamin – especialmente Cassirer, *A Filosofia das formas simbólicas*. Ainda que não tenhamos a certeza que Benjamin tenha lido Cassirer, no entanto é sabido que foi aluno de Rickert e teve conhecimento dessa teoria.

196 *G.S., I, I, A Origem do Drama Barroco Alemão,* pp. 216, 217. Ressalte-se que este texto foi redigido entre 1924-1926, muitos anos depois do texto benjaminiano sobre a linguagem, mas onde podemos verificar o desenvolvimento de conceitos que aparecem no texto sobre a linguagem, nomeadamente o nome e o carácter simbólico da linguagem.

197 Ibidem, p. 144.

198 Ibidem, p. 141.

199 Idem, p. 143.

200 Ibidem.

201 Ibidem, p. 144.

202 Benjamin, *Gesammelte Schriften* II, p. 150.

203 Ibidem, p. 145.

204 Ibidem.

205 Idem, pp. 145, 146. É por esta razão que Benjamin afirma, na carta a Buber de Julho de 1916, *Briefe I,* pp. 125, 126, que "se deve eliminar a indizibilidade da linguagem". No sentido nomeador, a linguagem é "dizível" ao mais elevado grau, pois não conhece senão uma comunicabilidade pura."

206 Benjamin, *Gesammelte Schriften* II, p. 147.

207 Benjamin, *Gesammelte Schriften* II, p. 151.

208 Benjamin, *Gesammelte Schriften* II, p. 151.

209 Ibidem, p. 152.

210 *G.S., II, I,* p. 148: "Deus, dando-lhes um nome, tornou as coisas cognoscíveis; mas é na medida em que as conhece que o ser humano lhes dá um nome."

211 Benjamin, *Gesammelte Schriften* II, p. 149.

212 Benjamin, *Gesammelte Schriften* II, pp. 152, 153.

213 Ibidem, p. 154.

214 Mais do que evocar, a rememoração relaciona o passado directamente com o presente, reanimando o passado. Não é, assim, uma actividade passiva e conservadora, mas sim profundamente activa. Ainda que o

conceito de rememoração apareça mais desenvolvido nas suas obras mais tardias, nomeadamente *Sobre o Conceito de História* e n'*O Livro das Passagens*, ele encontra-se conotado com a noção de reactualização do passado, como veremos posteriormente.

215 Que, como veremos, nasce precisamente da rememoração, como forma de reacção à teoria do progresso da história, tese que procurarei mostrar adiante.

216 Cf. *Briefe, I*, p. 259, numa carta redigida a Scholem, datada de 26 de Março de 1921, por altura da redacção do texto: "Neste momento, encontro-me dividido entre muitos trabalhos, do qual um tenho a certeza, interessar-vos-á ao mais alto grau, «A Tarefa do Tradutor». (...) Mas trata-se de um objecto que, para mim, ocupa uma posição de tal maneira central que eu ignoro, ainda, se, no estado actual do meu pensamento, eu posso desenvolvê-lo com suficiente liberdade (...)".

217 Cf. o próprio texto de Benjamin, *A Origem do Conceito de Crítica de Arte no Romantismo Alemão.* Ver, ainda, a este propósito consultar a obra de Antoine Berman, *L'Âge de la Traduction*, como também Peter Szondi, *Pétique de l'Idéalisme Allemand.*

218 Benjamin, *Gesammelte Schriften* II, p. 150, 151.

219 *G.S., II, I*, p. 157: "Toda a linguagem superior é tradução da linguagem inferior (...)".

220 Benjamin, *Gesammelte Schriften* II, p. 151.

221 Berman, *L'Âge de la Traduction*, p. 47.

222 Benjamin, *Gesammelte Schriften* IV, p. 9.

223 Ibidem.

224 Já anteriormente, quando referimos os conceitos que marcaram, nos Primeiros Românticos, o pensamento benjaminiano, referimos os conceitos de traduzibilidade e de criticabilidade da obra.

225 Porém, o original também pode engendrar a crítica da obra, tal como Benjamin o reconheceu na sua obra *O Conceito de Crítica de Arte no Romantismo Alemão.* Para estes aspectos, consultar as obras de Antoine Berman, *L'épreuve de l'Étranger*, Gallimard, Paris, 1984 e *L'Âge de la Traduction*, intempestives, Presses Universitaires de Vincennes, Paris, 2008.

226 O que Benjamin entende por vida é algo de muito peculiar. Quando ele fala de «forma» não está a referir-se a uma estrutura «formal», morta, petrificada (isso é algo que é da ordem do alegórico e se afasta profundamente da vida). O vivo é, para Benjamin, «forma», «metamorfose»,

tal como o entende o pensamento de Goethe. Cf. a este propósito o texto *A Crítica da Violência.*

227 Como o nota Berman, *L'Âge de la Traduction,* pp. 72, 73, a palavra «innig» traduz-se por íntimo, tanto no francês como no português. Mas se, no português, essa palavra se conota com uma dimensão profundamente subjectiva, tal como no francês, no alemão ela reenvia a uma co-pertença dos seres que designa uma categoria mais lata e ontológica: *Zusammenhang.*

Esta palavra encontra-se na poesia de Hölderlin, quando ele diz «alles ist innig», e também na poesia de Rilke, quando ele fala de *Innigkeit* das coisas. Benjamin tem disso plena consciência. Assim, na óptica de Benjamin, a «intimidade entre o original e a tradução» trata-se, antes duma correlação ou duma co-pertença «natural». Esta ideia da pertença recíproca [*Zusamenngehorigkeit*], em Benjamin, é, aliás, desenvolvida no "Prefácio" à obra *Origem,* a propósito da relação entre a ideia/fenómeno. A *apresentação* [*Darstellung*] é precisamente a actividade do filósofo que permite compreender a pertença recíproca dos fenómenos à ideia, à maneira de uma constelação.

228 Benjamin, *Gesammelte Schriften* II, p. 13.

229 Ibidem.

230 O "ponto focal", termo utilizado por Goethe, embora seja hoje aplicado como conceito generalizado, tem a sua origem no estudo da óptica, podendo ser definido como uma área onde os raios luminosos que passam por um refractor se encontram mais próximos e proporcionam a possibilidade de formar uma imagem mais clara e definida. Cf. *Materiais para o Estudo das Cores.*

231 Ibidem, p. 14.

232 Ibidem.

233 Benjamin, *Gesammelte Schriften* IV, p. 15.

234 Cf. carta de Benjamin a Scholem, datada de 22 de Outubro de 1917, *Briefe, I,* p. 152. Numa passagem, ele diz: "Há no judaísmo o conceito de fé no sentido de um comportamento adequado à revelação?" Apesar de posterior a este texto da tradução, veja-se também a carta de Benjamin a Scholem, de 11 de Agosto de 1934, a propósito de Kafka e da sua relação com a Revelação (*Briefe, II,* p. 618).

235 Benjamin, *Gesammelte Schriften* IV, p. 19.

236 Ibidem, p. 18.

237 Segundo Antoine Berman, *L'Âge de la Traduction,* p. 115, se o termo "puro" nos remete imediatamente para a terminologia de Kant, do conhecimento

puro, horizonte de pensamento de Benjamin nessa época, no entanto, o *puro* [*rein*] possui uma outra origem, que é Hölderlin, no qual toda a linguagem poética se funda na "pureza" [*Reinheit*]. Também no texto *Sobre a Linguagem* aparece o conceito de língua pura.

238 No seu texto, Agamben também insiste nessa estrutura dupla, "Langue et Histoire", *Walter Benjamin et Paris,* pp. 796/798. A interpretação de Agamben faz coincidir o plano da *língua pura* com o da língua adâmica, cruzando a leitura dos textos *Sobre a Linguagem* com *A Tarefa do Tradutor.* Parece-nos que se trata, sobretudo, da categoria da língua que há-de vir que aqui nos aparece em toda a sua plenitude, como uma "promessa das línguas" que abre o caminho à redenção messiânica.

239 Berman, *L'Âge de la Traduction*, p. 116.

240 Agamben, "Langue et Histoire. Catégories historiques et catégories linguistiques dans la pensée de Walter Benjamin, 1983", in *Walter Benjamin et Paris*, p. 798.

241 Idem, p. 15. Gostaríamos de referir, aqui, a proximidade e a relação desta ideia com a tese que aparece em *Sobre o Conceito de História,* o seu último texto, sobretudo nas teses que evocam a restituição messiânica dos nomes e a linguagem messiânica é, aí, considerada como "a prosa liberta que rompeu as cadeias da escrita". (Ms. 490).

242 Benjamin, *Gesammelte Schriften* IV, p. 17.

243 Ibidem, p. 21.

244 Ibidem.

245 Cf. "A Interrupção Catastrófica da Tradução: A Torre de Babel", p. 89.

246 Benjamin, *Gesammelte Schriften* II, pp. 697, 698.

247 *G.S.*, I, 2, p. 697: "Mein Flügel ist zum Schwung bereit/*ich kehrte gern zurück/*denn blieb' ich auch lebendige Zeit/Ich hätte wenig Glück". (Gerhard Scholem, *Gruß vom Angelus*). "Minhas asas estão prontas para o voo/se eu pudesse retrocederia/se ficasse no tempo vivo/ Teria menos sorte."

248 Benjamin, *Gesammelte Schriften* V, p. 580.

249 Conceito que Benjamin desenvolve, sobretudo, na obra *O Livro das Passagens* [*Das Passagen-Werk*]. É, precisamente neste conceito, marcando a cesura da continuidade temporal da história, que identificamos a "conjunção fulgurante entre o passado e o presente, donde surgiu uma «constelação»". Na óptica de Mosès, *L'Ange d'Histoire,* e de Bensussan, *Le Temps Messianique,* é este instante interruptivo e destrutivo o «instante messiânico», aquele que contribui para a «desformalização do tempo da

história», substituindo a ideia de um tempo objectivo, quantitativo e linear por uma experiência do tempo qualitativo e "cheio", messiânico.

250 *Paris, Capitale du XIX e Siècle,* pp. 478, 479, tradução francesa de *G.S., V, 1,* [N 2a, 3], pp. 576, 577: "Não é preciso dizer que o passado ilumina o presente ou que o presente ilumina o passado. Uma imagem, pelo contrário, é aquilo no qual o outrora encontra o agora num clarão, para formar uma constelação. Por outras palavras, a imagem é a dialética em suspensão. Porque, enquanto a relação do presente com o passado é puramente temporal, contínua, a relação do outrora com o agora presente é dialética: isto não é algo que se desenrola, mas uma imagem sacudida. Só as imagens dialéticas são imagens autênticas (ou seja, não-arcaicas); e o lugar onde as encontramos é a linguagem".

251 Em Benjamin o pecado original coincide com o aparecimento da linguagem humana e, ao mesmo tempo, com a proliferação das línguas, já que a saída da esfera do nome introduz na linguagem humana a fractura da palavra e a sua exterioridade face ao sentido.

252 Agamben, *Op. cit.*.

253 Mosès Stéphane, *L'Ange de l'Histoire, Rosenzweig, Benjamin, Scholem,* pp. 99, 100: "É no horizonte do historicismo e em ruptura com ele que é necessário compreender a reflexão de Benjamin sobre a história. Pondo em evidência o papel do historiador na constituição da história, compreendendo esta, não como um dado, mas como o produto de uma actividade heurística Benjamin é necessariamente conduzido a interrogar-se sobre as categorias do conhecimento histórico. Questão que (...) implica uma escolha de ordem metafísica: que tipo de história queremos nós constituir? Segundo que modelo a imaginamos? Para esta questão, que é a da escolha de um paradigma (no sentido de modelo de inteligibilidade), à medida da sua evolução , três respostas bem distintas".

254 *Briefe, I,* carta a Scholem, datada de 7.VII.24, p. 351: "Conheci uma revolucionária russa de Riga, uma das mulheres mais excepcionais que já encontrei."

255 *Briefe, I,* p. 355. Nessa carta, Benjamin fala do facto de as teses de Luckàcs se aproximarem muito das suas e corroborarem o seu pensamento.

256 Mosès, *L'Ange de l'Histoire,* p. 100.

257 Benjamin, *Gesammelte Schriften* I, p. 693.

258 *Dialektik im Stillstand. Versuch zum Spätwerk Walter Benjamins,* Suhrkamp, Frankfurt, 1983, p. 118.

259 Löwy, *L'Avertissement de l'Incendie*, p. 31).

260 Que aparece, sobretudo, no final da sua obra *Infância Berlinense, Gesammelte Schriften, IV, I*, pp. 302-304, sob a figura do anãozinho corcunda. Veja-se a obra de Françoise Proust, *L'Histoire à Contretemps, Le Temps Historique chez Walter Benjamin*, Éditions du Cerf, Paris, 1994, p. 115 e ss., onde a autora estabelece as mais férteis relações entre a figura do Messias e do anãozinho corcunda. No capítulo a seguir, sobre a catástrofe, abordaremos esse texto.

261 Este conceito aparece, justamente, no "Prefácio" à obra *Origem*, designando a tarefa do filósofo por excelência, mas também tem uma importância fundamental no texto de Benjamin sobre Marcel Proust, ao analisar a sua obra *Em Busca do Tempo Perdido*. A sua centralidade é óbvia, enquanto conceito operatório essencial, para a constituição do conhecimento histórico, na obra *O Livro das Passagens*.

262 Que aparece essencialmente na segunda tese, como veremos.

263 Apud Löwy, *Op. cit.*, p. 33. Löwy refere-se aqui à obra editada por Peter bulthaup, *Materialen zu Benjamins Thesen «Über den Begriff der Geschichte»*.

264 Bensussan, Le *Temps Messianique*, 2001, p. 31.

265 A corroborar esta ideia, Michael Löwy, *Op. cit.*, p. 25, relembra o facto de Benjamin se ter inspirado, também, num manuscrito de Scholem, *Thesen über den Begriff der Gerechtigkeit* (*Teses sobre o conceito de Justiça*), 1919-1925, Archive Scholem, Universidade Hebraica de Jerusalém. Numa passagem desse texto, Scholem escreve: "A época messiânica como presente eterno e a justiça do existente (*Daseiendes*), substancial, estão em correspondência. Se a justiça não existisse *aí*, o reino messiânico, não somente não existiria, mas seria impossível".

266 Benjamin atribui uma grande importância a esta carta e cita-a, *Paris, Capitale du XIX e Siècle*, pp. 488,489 tradução francesa de *G.S.*, *V, I*, "Erkenntnistheoretisches, Theorie des Fortschritts", [N 8 1], pp. 588, 589.

267 Benjamin, *Gesammelte Schriften* V, p. 589.

268 A este propósito consultar os textos de Jeanne-Marie Gagnebin, *Histoire et Narration chez Walter Benjamin* e *Teologia e Messianismo no Pensamento de Walter Benjamin*. Relembro também os estudos de Andrew Benjamin sobre a história, já anteriormente citados.

269 *Paris, Capitale du XIX e Siècle*, pp. 405, 406, tradução francesa de *Gesammelte Schriften, V, I*, [K 1, 1], [K 1, 2], pp. 490, 491. Nesta última passagem, Benjamin diz: "De facto, o despertar é o paradigma do rememorar."

270 Benjamin, *Gesammelte Schriften* I, p. 700.

271 *Op. cit.*, p. 93. Trata-se de relembrar (e salvar na memória) todos os judeus que foram exilados e perseguidos ao longo da história.

272 Benjamin, *Gesammelte Schriften* I, pp. 693, 694.

273 A expressão *Erlösung* pode ser traduzida tanto por redenção como por salvação. De acordo com Löwy (p. 35), a expressão teria tanto uma significação, ao mesmo tempo e inseparavelmente teológica – a salvação – e política: a redenção, a libertação. Löwy vê neste termo o equivalente ao termo hebreu *ge'ulah.*

274 Cf. *Paris, Capitale du XIX e Siècle,* pp. 497, 498, tradução francesa de *Gesammelte Schriften, V, I,* pp. 599, 600.

275 *Paris, Capitale du XIX e Siècle,* p. 497, tradução francesa de *G.S, V, I,* [N 13, 2], p. 599: "Lotze como crítico do conceito de progresso: «Face àqueles que defendem voluntariamente a tese de um progresso rectilíneo da humanidade..., uma reflexão mais prudente viu-se depois de sermos obrigados a verificar que a história avançava seguindo espirais»".

276 Cf. *G.S., I, 2,* p. 694: "A nós, como a cada geração precedente, foi concedida uma *frágil* força messiânica relativamente à qual o passado reivindica. Não é levianamente que se pode despachar esta reivindicação. O materialismo histórico sabe por que razão. [Dann ist uns wie jedem Geschlecht, das vor uns war, eine *schwache* messianische Kraft mitgegeben, an welche die Vergangenheit Anspruch hat. Billig ist dieser Anspruch nicht abzufertigen. Der historische Materialist weiβ darum].

277 *Paris, Capitale du XIX e Siècle,* p. 498, tradução francesa de *Gesammelte Schriften, V,I,* [N 13a, 3], p. 600: "Quaisquer que possam ser as vias misteriosas que ela utiliza, o progresso da história cumpre-se também para esta".

278 Não nos referimos aqui à carta, já anteriormente referida, mas sim a algumas notas de Horkheimer, num artigo sobre Bergson, que foi publicado em 1934, em *Zeitschrift für Sozial forschung.* Cf. Löwy, *Op. cit.*, pp. 36, 37.

279 Já atrás referida.

280 Benjamin, *Gesammelte Schriften* V, p. 598.

281 Neste sentido, poderíamos encontrar uma correspondência com Marx. São os homens que fazem a sua própria história e a emancipação dos trabalhadores será obra dos próprios trabalhadores.

282 Benjamin, *Gesammelte Schriften* I, p. 704.

283 Ibidem, p. 1231.

284 Da tese XIV à XVIII, Benjamin considera que rompe com todas as concepções da história que repousam sobre o "tempo homogéneo e vazio". É precisamente nesta oposição ao «tempo homogéneo e vazio» que se pode encontrar a base da sua concepção messiânica da história.

285 *Kairos* designa o tempo sagrado, o instante em que se suspende a continuidade e a sucessão do tempo cronológico.

286 Benjamin, *Gesammelte Schriften* I, p. 695.

287 Benjamin, *Gesammelte Schriften* I, p. 1242.

288 Benjamin, *Gesammelte Schriften* I, p. 695.

289 *G.S., I, 2*, p. 697. Referindo-se à tarefa do historiador, Benjamin escreve: "A sua tarefa, crê o historiador, é a de escovar a história a contrapelo. [*Er betrachtet es als seine Aufgabe, die Geschichte gegen den Strich zu büsten*]."

290 Benjamin, *Gesammelte Schriften* I, p. 1240.

291 Benjamin, *Gesammelte Schriften* I, p. 694.

292 Benjamin, *Gesammelte Schriften* V, p. 591.

293 Benjamin, *Gesammelte Schriften* V, p. 592.

294 *Paris, Capitale du XIXe Siècle*, p. 491, tradução francesa de *G.S., V, I*, [N 9 a, 1], p. 592: "Que «as coisas continuem como antes»: *eis* a catástrofe. Ela não reside no que chegará, mas no que, em cada situação, é dado. Assim Strindberg escreve - no *Caminho de Damasco?*: o inferno não é algo que nos espera, mas a vida que levamos aqui."

295 Benjamin, *Gesammelte Schriften* V, p. 594.

296 O termo já aparece no "Prefácio" à obra *A Origem do Drama Barroco Alemão*, e é "utilizado" como um conceito operatório aplicado por Benjamin à compreensão dos géneros literários, rompendo com a concepção historicista dos géneros. Deste modo, a interpretação dos fenómenos históricos (como o era também dos géneros literários) permite a compreensão do particular, na medida em que possibilita a "leitura" ou a decifração do modo como o universal se manifesta, nas suas manifestações concretas e particulares. É, com efeito, a relação entre o particular e o universal que Benjamin quer salvar, pela adopção do pensamento morfológico de Goethe como base fundamental.

297 *Paris, Capitale du XIXe Siècle*, p. 491, tradução francesa de *G.S., V, I*, [N 9, 7], pp. 591, 592: "A imagem dialética é uma imagem fulgurante. É, então, como imagem fulgurante no Agora da cognoscibilidade que é preciso reter o Outrora."

298 *Paris, Capitale du XIXe Siècle*, p. 479, tradução francesa de *G.S., V, I*, [N 2a, 4], p. 577. O conceito de Origem [*Ursprung*] tem uma importância

fundamental na obra de Benjamin *A Origem do Drama Barroco Alemão*. Ver *Origem, Gesammelte Schriften, I, I*, p. 226: "A origem, se bem que seja uma categoria histórica, não tem nada a ver com a génese das coisas. A origem não designa o devir do que nasceu, mas o que está a nascer no devir e no declínio. A origem é um turbilhão no fluxo do devir." Desta forma, Benjamin rejeita a origem como categoria lógica. É antes uma lei ou um princípio intrínseco à obra e que acompanha todo o seu desenvolvimento, desde o aparecimento ao seu crepúsculo. No caso da "imagem dialética", a categoria da origem é aplicada à história.

299 Jeanne-Marie Gagnebin e Stéphane Mosès, nas suas obras já citadas anteriormente, interpretaram exaustivamente o conceito de origem, aplicando-o tanto à análise da *Origem do Drama Barroco Alemão* quanto à análise do *Livro das Passagens*.

300 Benjamin, *Op. cit.*, p. 594.

301 Benjamin, *Gesammelte Schriften* V, p. 577-578.

302 *Paris, Capitale du XIXe Siècle*, p. 479, 480, tradução francesa de *G.S.*, *V, I*, [N 3, I], p. 578: "Uma imagem, pelo contrário, é aquilo no qual o Outrora encontra o Agora, num clarão, para formar uma constelação."

303 Benjamin refere-se à verdade do tempo histórico. Na sua obra, *Origem*, ele refere-se à verdade como "roda das ideias", dizendo que é um ser destituído de intenção, termos que recupera aqui, do mesmo modo.

304 Benjamin, *Gesammelte Schriften* V, p. 577, 578.

305 Benjamin, *Briefe* II, pp. 783-787.

306 *Briefe, II*, p. 793 e sq.

307 *G.S., I, 2*, p. 702.

308 Ibidem.

309 Mosès, 2006, pp. 167-168.

310 *G.S., V, I*, p. 577: "A relação do outrora com o agora é dialética: isto não é qualquer coisa que se desenrola, mas uma imagem, salto."

311 «Der Bahnhof als Metapher. Eine Betrachtung über die beschleinigte Zeit und die Endsatione der Utopie», *Frankfurt Rundschau*, 26 de Outubro de 1991.

312 Nas suas notas preparatórias para as teses, *G.S., I, 3*, p. 1232.

313 *Paris, Capitale du XIXe Siècle*, p. 494, tradução francesa de *G.S., V, I*, [N 10 a, 3], p. 594: "A imobilização dos pensamentos faz, tanto quanto o seu movimento, parte do pensamento. Quando o pensamento se imobiliza numa constelação saturada de tensões, aparece a imagem dialética. É a cesura no movimento do pensamento."

314 Benjamin, *Gesammelte Schriften* V, p. 600.

315 *Paris, Capitale du XIX e Siècle,* p. 473, tradução francesa de *Gesammelte Schriften, V. 1,* [N 1, 1], p. 570: "Nos domínios que nos ocupam, não há conhecimento que não seja fulgurante. O texto é o raio que nos faz ouvir o som muito tempo depois."

316 O tema da "fantasmagoria" e da dissipação da aura são temas que aparecem, não apenas no *Livro das Passagens,* em vários capítulos referentes ao flaneur, a Baudelaire e às grandes fantasmagorias do mundo moderno, como também e essencialmente no livro sobre Baudelaire, *Charles Baudelaire, Um Poeta Lírico no Apogeu do Capitalismo.* Aí, os temas do jogo, da experiência do choque e da alienação atingem o seu máximo desenvolvimento.

317 *Paris, Capitale du XIX e Siècle,* p. 408, tradução francesa de *G.S.,V, 1,* [K 1a, 8], p. 494: "O capitalismo foi um fenómeno natural pelo qual um sono novo, cheio de sonhos, se abateu sobre a Europa, acompanhado duma reactivação de forças míticas". As fantasmagorias são os reflexos, designados como imagens oníricas colectivas, das formas de vida e das produções materiais que apareceram no século XIX. Cf. ensaio de Rolf-Peter Janz, «Expérience mythique et expérience historique au XIXe siècle», *Walter Benjamin et Paris,* pp. 453-496. Enquanto Marx fala de "fantasmagorias" para caracterizar as ilusões e as imagens enganadoras que a sociedade burguesa fabrica, Benjamin vai sublinhar "nas fantasmagorias a sua função de transfiguração e de engano. Mas, por outro lado, ele há nessas imagens aspectos positivos: elas são também imagens-desejos da colectividade, encerram as expectativas utópicas daqueles que nelas crêem." (p. 458).

318 Benjamin, *Gesammelte Schriften* V, p. 579.

319 Idem. As afirmações de Benjamin, ao fundar a teoria da imagem dialética sobre o sonho e o seu poder operatório suscitou a mais acesa crítica por parte de Adorno, chamando-se a atenção para o facto de Benjamin lançar mão de conceitos pouco claros, nomeadamente o conceito de "inconsciente colectivo", pelas aplicações um tanto obscuras que dele fez Jung e pelas suas conotações psicologizantes. Cf. Theodor Adorno, *Sur Walter Benjamin,* Folio essais, Poche, Paris, 1970, p. 146, 165. A passagem seguinte, que cito, é apenas uma pequena parte dessa crítica, mas que, como pode ver-se, põe em causa essa relação suposta por Benjamin, observando-lhe a falta de legitimidade: "Se se transpuser a imagem dialética para a consciência sob a forma de «sonho», não

apenas o conceito perde a sua magia própria e se banaliza, mas também se lhe retira o carácter objectivo, precisamente o que poderia legitimá-la de um ponto de vista materialista. O carácter fetichista da mercadoria não é um facto de consciência; ele é dialético no sentido eminente em que produz a consciência." Ver ainda Rolf Tiedemann, *Études sur la Philosophie de Walter Benjamin*, pp. 158, 159.

320 Cf. Carta de Benjamin a Gretel Adorno, de 16 de Agosto de 1935, Walter Benjamin, *Briefe*, *II*, ed. por Theodor Adorno e Gershom Scholem, Suhrkampf, 1978, p.688.

321 Cf. *Édipo e o Anjo*, Biblioteca Tempo Universitário, Rio de Janeiro, 1990, p. 94, 95. Rouanet estabelece uma interessantíssima relação entre a teoria benjaminiana e a teoria freudiana do sonho, que permite trazer uma nova luz ao pensamento de Benjamin.

322 O conceito de "despertar", associado ao de "rememoração", constituem-se como os momentos espoletadores da verdadeira consciência histórica, a que só o historiador materialista tem acesso. Veja-se Walter Benjamin, *Paris, Capitale du XIXe Siècle*, p. , tradução francesa de *G.S.*, *V*, *I*, pp. 490, 491, onde Benjamin fala, a este propósito, em "revolução coperniciana". Em [N 3 a, 3], mais adiante, p. 579, ele afirma: "O momento do despertar seria idêntico ao agora da cognoscibilidade, na qual as coisas tomam o seu verdadeiro rosto, o rosto surrealista."

323 Rouanet S. P., *As Razões do Iluminismo*, p. 86.

324 O que, de acordo com Bloch, explica a técnica da montagem em Benjamin. Cf. Ernst Bloch, *Héritage de ce temps*, ed Payot, 1977, p. 210: "A montagem tende para o provisório, procura formar novas «passagens» através das coisas e a expor qualquer coisa de muito longínquo até agora". Como podemos verificar, é interessante a relação estabelecida por Bloch entre Benjamin e os surrealistas, conferindo ao sonho um papel verdadeiramente criador. Mas como o salienta Rouanet, "Todavia, é no tema do "despertar" que a teoria do sonho de Benjamin se distingue verdadeiramente dos surrealistas. Para Benjamin, não se trata de atribuir um valor cognitivo ao irracional, mas de despertar o passado do seu sonho mítico, inversamente ao que acontecia nos surrealistas.

325 Cf. o texto de Benjamin, "Der Sürrealismus", *G.S.*, *II*, *I*, p. 298, onde Benjamin fala do conceito de *iluminação profana* [*profanen Erleuchtung*], para dar conta desta dimensão "divinatória" e particularmente fecunda do sonho, para os surrealistas, associada à dimensão da rememoração, em Proust. Cf. também o texto de Rita Bishof, Elisabeth Lenk,

"L'intrication surréelle du rêve et de l'histoire dans les Passages de *Benjamin"*, *Walter Benjamin et Paris*, pp. 179-199.

326 Ibidem, p. 87.

327 Walter Benjamin, *Paris, Capitale du XIX e Siècle*, p. 474, tradução francesa de *G.S., V, I*, pp. 571, 572, [N I, 9], a propósito do trabalho do historiador, relativamente aos surrealistas: "Enquanto um elemento impressionista - a "mitologia" - permanece em Aragon (...) trata-se aqui [no caso do historiador] de dissolver a "mitologia" no espaço da história. Isso não se pode fazer, em boa verdade, senão pelo despertar de um saber ainda não consciente do passado".

328 Cf. Walter Benjamin, "Sur le Concept d'Histoire", *Écrits Français*, éd. Gallimard, Paris, 1991, p. 348: "A imagem dialética é uma bola de fogo que varre todo o horizonte do passado".

329 Benjamin, *Gesammelte Schriften* V, pp. 491, 492.

330 A noção de rememoração adquire um carácter verdadeiramente incomparável na obra benjaminiana e, em especial, na análise do mundo moderno alegórico, justamente porque ela se configura como o paradigma por excelência do *despertar*, elemento antitético (como o seu aspecto dialéctico) da noção de *fantasmagoria* ou de "sonho colectivo". Sobre este tema, além dos textos sobre Baudelaire e sobre Proust, também na Letra K Benjamin desenvolve esta relação entre rememoração - enquanto procedimento alegórico - e "despertar", como forma de combate às fantasmagorias colectivas.

331 *Paris, Capitale du XIXe Siècle*, pp. 480, 481, tradução francesa de *G.S., V, I*, [N 3a, 3], p. 579: "Assim Proust confere uma importância particular ao compromisso de uma vida inteira até ao ponto da ruptura, ao mais elevado grau dialético, da vida, ou seja, ao *despertar* [*Erwachen*)".

332 Benjamin, *Gesammelte Schriften* V, p. 491.

333 Mosès, *Op.Cit*, p. 156: "Quanto à esperança messiânica, ela não deve ser concebida como o apontar para uma utopia destinada a realizar-se no fim do tempo, mas como uma extrema vigilância, uma capacidade (...) que deixa entrever a "energia revolucionária" do novo."

334 Neste sentido, como S. Mosès o entende, na sua obra *L'Ange de l'Histoire*, p. 169, Walter Benjamin aproxima-se da concepção de Rosenzweig, defendida na sua obra *L'Étoile de La Rédemption:* "(...) nele também se trata de um passado que não deixa de passar, de um presente que se renova a cada instante e de um futuro sempre em aberto."

335 Cf. Walter Benjamin, *G.S., I*, 3, p. 1245: "É nas brumas do passado, que

se afundam lentamente na noite dos tempos, que ele [o historiador] entrevê o rosto [da história]". Esta relação que Benjamin recupera, da tradição judaica [*Zekher*], não designa – na antiga tradição – a conservação da memória, mas a sua reactualização. A rememoração, como se há-de ver é um conceito *activo*, pois modifica e transforma o facto histórico, conferindo-lhe uma ordem de significação diferente. É precisamente graças ao conceito de rememoração que o passado deixa de aparecer como irreversível, como o diz Stéphane Mosès, em *O Anjo da História*, p. 176, "ela é o instrumento de eficácia retroactiva do presente sobre o passado; graças a ela, o tempo histórico deixa de aparecer como irreversível."

336 *Benjamin et son ange*, p. 102. Numa carta datada de Julho de 1921, que Benjamin escreve a Scholem, refere-se ao *Angelus Novus*. Cf. *Briefe, I*, p. 267.

337 Cf. "Agesilaus Santander", *Benjamin et son ange*, p. 107, "Segundo uma lenda talmúdica, com efeito, os anjos são mesmo criados – novos a cada instante e em inumeráveis bandos – para terminar o seu hino, após haver cantado diante de Deus, e dissolverem-se no nada."

338 *Paris, Capitale du XIXe Siècle*, p. 491, tradução francesa de *G.S.*, *V, I*, [N9 a, 1], p. 592: "É preciso fundar o conceito de progresso sobre a ideia da catástrofe. Que «as coisas continuem como antes»: eis a catástrofe."

339 *Gesammelte Schriften, I, I*, p. 392: "Vista sob o ângulo da morte, a vida é produção de cadáveres."

340 Cf. Stéphane Mosès, *L'Ange de l'Histoire*, p. 141. Mosès vê na concepção barroca da história o anúncio da própria concepção moderna – e benjaminiana – da história: "A ideia de um mundo abandonado pela graça divina, inteiramente entregue às forças profanas, inaugura, numa certa medida, o grande movimento de dessacralização do mundo e da história que caracteriza. ainda hoje, a cultura europeia. Por outro lado, o barroco tinha interpretado esta queda no profano de maneira profundamente teológica, como a sanção do pecado original, isto é, como uma infelicidade e como o signo da nossa perdição."

341 Na óptica de Scholem, este desejo contém uma referência latente à doutrina cabalística do *tikkoun*, a restituição messiânica do estado originário de harmonia divina, que foi destruído pela quebra dos vasos. cf. *Benjamin et son ange*, p. 147.

342 Benjamin, *Gesammelte Schriften* I, p. 1232.

343 *G.S.*, *I, 2*, p. 702: "Marx secularizou a representação da idade messiânica na representação da sociedade sem classes". Este conceito de secularização

que é utilizado por ele, é provavelmente uma referência à obra de Carl Schmitt, *Teologia Política,* segundo o qual todos os conceitos fundamentais da teoria moderna do estado são conceitos teológicos secularizados.

344 Benjamin, *Gesammelte Schriften* I, p. 1232.

345 *G.S., I, 3,* p. 1235: "O mundo messiânico é o mundo da actualidade integral e, de todos os lados, aberta. Só nela existe a história universal. Mas não enquanto história escrita, mas sobretudo daquela que se cumpre como uma festa. Esta festa é purificada de toda a solenidade. Nenhuma espécie de canto a acompanha. A sua língua é uma prosa integral, que fez saltar as cadeias da escrita e é compreendida por todos os homens (como a língua dos pássaros por todas as crianças abençoadas aos domingos). – A ideia da prosa coincide com a ideia messiânica da história universal (as diferentes espécies de prosa artística formam o espectro do universal histórico (*universalhistorische*) – no Narrador)."

346 Gesammelte Schriften, I, 1, p.208.

347 Relembro que esta citação já foi anteriormente feita e analisada, no capítulo referente ao Primeiro Romantismo.

348 O conceito é de Max Weber e diz respeito à dissolução dos laços da comunidade, por um lado, o afastamento do sagrado e uma consequente alienação do sentido da existência humana.

349 Benjamin apropria-se da ideia de "organização do pessimismo" a partir de uma obra de Pierre Naville, surrealista e revolucionário, intitulada: "A Revolução e os Intelectuais" (1928). Cf. *G.S., II, 1,* p. 308: "Respira-se seguramente um outro ar na obra de Naville, que faz da «organização do pessimismo» a exigência do dia (...)".

350 Idem: "Organizar o pessimismo não significa mais nada senão excluir da política a metáfora moral e descobrir na acção política um espaço cem por cento suportado pela imagem. Mas este espaço de imagens já não pode ser explorado sob o modo da contemplação."

Dados Internacionais de Catalogação na Publicação (CIP)
Elaborado por Janaina Ramos – CRB 8/9166

C231

Cantinho, Maria João
Walter Benjamin: messianismo e revolução / Maria João Cantinho. – Rio de Janeiro: Circuito, 2022.
208 p.; 15,8 x 22,8 cm
ISBN 978-65-86974-42-3

1. Benjamin, Walter, 1892-1940. 2. Filosofia alemã.
I. Cantinho, Maria João. II. Título.

CDD 193

Índice para catálogo sistemático
I. Benjamin, Walter, 1892-1940: Filosofia alemã

capa, projeto gráfico e
diagramação **Julia Pinto**

EDITORA CIRCUITO
Largo do Arouche 252 ap 901
01219-010 São Paulo – SP
editoracircuito.com.br
/editoracircuito

1ª edição
papel pólen soft 80g/m²